数字时代企业转型升级和绿色管理丛书

# 制造业平台企业嵌入创业网络下的集群创业机制研究

黄纯　陈琛◎著

经济管理出版社
ECONOMY & MANAGEMENT PUBLISHING HOUSE

**图书在版编目（CIP）数据**

制造业平台企业嵌入创业网络下的集群创业机制研究/黄纯，陈琛著 . —北京：经济管理
出版社，2023.10

ISBN 978-7-5096-9368-1

Ⅰ.①制⋯　Ⅱ.①黄⋯　②陈⋯　Ⅲ.①制造工业—创业—研究—中国　Ⅳ.①F426.4

中国国家版本馆 CIP 数据核字（2023）第 204814 号

责任编辑：张莉琼　杜羽茜
责任印制：许　艳
责任校对：蔡晓臻

出版发行：经济管理出版社
　　　　　（北京市海淀区北蜂窝 8 号中雅大厦 A 座 11 层　100038）
网　　址：www. E-mp. com. cn
电　　话：（010）51915602
印　　刷：北京晨旭印刷厂
经　　销：新华书店
开　　本：720mm×1000mm/16
印　　张：12.5
字　　数：237 千字
版　　次：2024 年 1 月第 1 版　　2024 年 1 月第 1 次印刷
书　　号：ISBN 978-7-5096-9368-1
定　　价：88.00 元

# 目 录

# 第一章  绪论

## 第一节  研究背景

### 一、现实背景

#### 1. 制造业平台企业与集群创业

以互联网、智能制造为代表的新一代信息技术科技革命改变了产业集群的创业环境和发展逻辑。值得一提的是，我国在电子商务及 5G 应用方面具有相对领先优势，积累了大量行业用户及丰富的行业数据，成为全球新经济创新创业的产业新高地。在消费服务类领域，我国涌现了大量优秀的创业企业，创造了备受关注和争议的平台商业模式（如世界最大零售平台阿里巴巴没有一件商品库存，国内领先的众包服务平台猪八戒网没有一个设计师、工程师）。之后，这一平台模式开始迅速在制造业领域"复制"，并一度在产业领域掀起热潮，如工业互联网平台、产业互联网平台的兴起，华为、海尔、徐工集团等行业领军企业纷纷涉足制造业平台。在这一新环境下，如何进一步推动制造业平台企业带动集群企业高质量创业，实现产业价值创造和竞争优势提升（Shepherd et al.，2019），是我国实施创新驱动发展战略的关键。

研究表明，制造业平台企业嵌入是新一代科技革命下集群获得竞争优势的战略选择（张小宁、赵剑波，2015），也是推动传统集群转型升级的可能途径。在我国，不少集群通过嵌入平台企业，实现了集群内资源、技术的获取、整合和利用，带动了集群企业创业，甚至重新定义了产业集群发展格局，形成了产业新高地。比如，青岛智能家电产业集群在嵌入平台企业海尔后，构成了"小微（小平台）—行业（中平台）—领域（大平台）—集团"的多层次创业平台，实现了家电集群发展方式的重构；又如，余杭纺织服装产业集群中制造业平台企业杰丰集团通过构建集孵化器接单、统一派单、集中设计打版、集中裁片、打包包装一条龙服务的产业互联网平台，对接了设计师、消费者、上下游厂家，集聚了大量行业内创业企业，构建了集体学习网络，积累了行业数据，实现了集群转型升级。因此，揭示制造业平台企业嵌入后集群创业新规律及其内在演化机制，对于促进我国产业集群可持续发展、帮助中小微企业走出困境具有重要的现实意义。

2. 政府政策与集群创业

我国产业集群所遵循的模仿性创新、低端式竞争、同质化生产发展模式面临着越来越严峻的挑战。劳动力、土地等要素的比较成本优势日益丧失，迫使政府（推动制度环境重构、加大政策性补贴等）、企业（推进技术创新、工艺设备的改造等）共同推动集群创业升级。但在现实中，成功的转型升级案例却并不多见，不少试图实现升级的产业集群反而由于"本地锁定"而危机四伏，甚至走向消亡。例如，2012年，厦门、泉州等地的鞋业、男装、伞业、食品等依靠"人口红利"维持利润率的企业大量破产，政府虽推出不少补助政策，但仍无力"挽救"劳动力不足和成本上升的产业环境，当地产业集群严重衰退。近乎同一时期，浙江的嵊州领带、富阳造纸等依靠"低成本生产、高污染"维持利润率的企业大量关停，尽管响应"五水共治"号召的地方政府投入了大量资金以推动当地企业的技术改造，但也无力"抑制"大量小企业因生产、工艺的落后而被迫退出市场的行为，当地产业集群危机频现。对此，学界的基本共识是，凭借粗放发展的红利，传统产业集群及其企业往往遵循短期、快速的盈利模式和经营理念，这在很大程度上抑制了企业的技术创新活动，并造成政府制度性政策设计的路径依赖，无法有效阻止整个集群丧失活力（金京等，2013；贺俊，2014）。可见，在经济新常态下，政府、企业如何共同推动产业集群转型升级，已成为区域经济研究中亟待解决的问题。

集群演化升级的发展轨迹转变往往依赖于领先企业的技术溢出和引导（魏江等，2004；张杰等，2007），而企业创新和集群演化升级又往往取决于所在地区政府在法律、产业政策、市场环境等方面的努力。事实上，政府是产业集群演化、升级的重要催化剂。例如，中国台湾新竹IC产业集群的形成就是依靠政府政策推动台湾集成电路、联华电子、宏碁电脑等企业成功创业，并带动集群内其他企业持续创业，使得台湾地区成为全世界第四大半导体工业制造者。又如，贵州省政府推出一系列发展大数据产业的政策后，推动了华芯通、力创科技、黔龙图视等大量企业创业，截至 2015 年底，贵州大数据信息产业工商注册企业已达 1.7 万家，贵州迅速成为全国大数据产业综合试验区。可见，政府政策是推动集群企业创业乃至整个集群演化升级的关键。如何通过政府政策引导带动集群企业创业，推动集群演化升级是亟待解决的现实问题。

## 二、理论背景

### 1. 集群及集群企业创业

集群创业的本质就是集群内企业创业的过程（双华军，2012）。现有研究主要从以下两个方面对集群及集群企业创业展开研究：第一，核心企业创业视角。戴维奇和魏江（2010）认为核心企业创业是集群企业实现升级的关键。赵付春和焦豪（2011）认为核心企业可以通过产品和产业链创业带动产业升级。产业集群整体发展与核心企业的知识溢出（王伟光等，2015）、合作能力（郑胜华、池仁勇，2017）、创新带动（Munari et al.，2012）等密切相关。吴义爽（2016）认为，服务型龙头企业可以通过平台高级化与国际化、研发包络、塑造集群品牌文化三个方面的创业行动推动产业集群升级。第二，集群创业网络视角。集群组织网络能为集群内企业创业提供更低的交易成本和服务成本，同时使企业更容易获取创业活动所需的资源和技术，因此，网络理论已经成为解释创业成功逻辑的重要基础理论（韩炜等，2014）。现有研究主要从以下两方面对集群创业网络展开研究：第一，结构视角。Hoang 和 Antoncic（2003）分析了网络规模、网络强度等结构特性对创业网络中创业活动、企业绩效、竞争优势、技术创新等方面的影响。Tolstoy 和 Agndal（2010）从资源整合、利用角度分析了创新网络结构、应对外部环境变化与企业绩效之间的关系。第二，关系视角。Marie 等（2006）认为强关系会影响创业者认知偏向，从而促进创业活动的展开。Engel 等（2017）认为创业网络中关系联结对新创企业的机会识别、创造、取得合法性、撬动资源、成长等方面具有重要作用。Uhlaner 和 Thurik（2007）认为组织成员间信任会影响新企业的感知度提升，这种信赖与支持会通过组织承诺来提高企业绩效。朱秀梅和李明芳（2011）认为借助网络关系获取外部资源是新企业的最优选择，并从创业网络动态角度提出了新企业网络治理的有效机制。

### 2. 制造业平台企业的兴起为集群创业研究提供了基础

平台企业是指将原本处于不同市场和领域的企业通过界面（技术、产品、交易系统等）联系实现交易和创新活动（Gawer and Cusumano，2014），其基本单元包括需求方、供给方和平台企业，且供需双方存在同边和跨边的网络效应（见图 1-1）。因此，平台企业具有以下特征：①双边市场特征。Saebi 和 Foss（2015）认为平台企业通过制定标准化界面来实现双边交易网络的构筑，并通过资源开放度控制（Gawer and Cusumano，2014）、内部系统的优化（Satish et al.，2018）和顾客价值的提升，实现平台双边参与者的交互（Alstyne et al.，2016）。②网络效应特征。平台企业的网络效应主要表现为平台生态系统内非线性关系下的协同效应（Jacobides et al.，2018），以及供需双方的数量级关系与平台网络效益的关联性。事实上，平台企业通过人员、资金、技术、产品和信息等要素的流动引起原有组织关系及结构的变动，重构了集群创业的方式和路径。

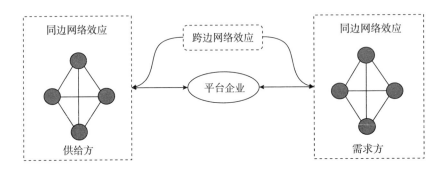

**图 1-1　平台企业示意图**

现有研究已经注意到平台作为一种新组织形式对集群升级的作用，但大多仅从消费服务类平台的定性视角进行展开。例如：Gawer 和 Cusumano（2014）关注到平台企业与产业创新间跨层面互动现象；陈夙等（2015）立足中国产业实践，分析了"对接创新创业主体的消费服务平台"在产业集群升级中的作用；吴义爽（2016）则进一步总结了基于商贸交易平台的跨层面升级对推动集群整体升级的机理。

从上述研究来看，平台研究作为战略管理领域的新方向，已经越来越受到产业经济领域学者的关注。产业集群作为区域经济发展的普遍形式，制造业平台企业嵌入集群网络后带动集群创业升级的现象已经屡见不鲜。

# 第二节 问题提出

本书对政府辅助性制度工作、制造业平台企业与集群创业机制的文献进行梳理，认为现有相关研究在以下方面有待进一步展开和深化：

## 一、区别于消费服务业平台，制造业平台需要重新定义

消费服务业平台关注的是从促成交易或服务的视角建构平台，制造业平台关注的则是从产品或系统本身建构平台。因此，不同于消费服务业平台企业，制造业平台企业主要以联合产业体系内互补厂商构建复杂网络系统平台，并通过创新或变革实现集体获利（见表1-1）。从这一角度来看，制造业平台企业作为一种新组织形式，既不同于消费服务业平台企业，也不同于集群内龙头企业，其特征和属性不尽相同。因此，需要对制造业平台企业的特征进行重新定义。

表1-1 消费服务业平台与制造业平台的区别

| 维度 \ 行业 | 消费服务业平台 | 制造业平台 |
|---|---|---|
| 定位 | 双边市场中的媒介 | 产品研发的技术架构 |
| 焦点 | 定价和竞争 | 创新和变革 |
| 视角 | 需求端 | 供给端 |
| 典型产业 | 支付、广告媒体、电子商务 | 汽车制造业、消费电子、家电、信息与通信技术（ICT） |

## 二、制造业平台重新定义了集群创业的形式

企业是创业的基本单元，平台是创业在企业层面的构建载体，集群网络是创业在集群整体层面的生成结构，因此制造业平台企业嵌入后的产业集群创业具有典型的多层次组织网络结构属性，其中也必然存在多层次组织网络间的交互作

用。事实上，嵌入平台企业后的集群创业网络，不仅在网络关系和网络结构属性上发生了改变，而且引起了多层组织网络间交互作用的"突变"，从而导致集群创业作用机理的变化。第一，制造业平台企业嵌入集群后，重构了集群企业间的关系连接方式和集群网络结构，形成了新组织网络，因此需要对新网络关系和结构进行重新定义，以此解析集群创业的新机制。第二，需要进一步厘清集群多层次组织网络间关系，清晰、系统和全面地把握集群创业的影响因素及其规律，深化对集群创业本质的认识。第三，产业集群创业是一个动态的过程，需要进行长期有效的追踪研究，但是受制于研究范式和研究方法的局限性，现有研究无法准确还原现实中平台企业作用于集群创业的演化过程，以致于缺乏对创业微观机制及其演化规律的深入研究。因此，需要针对制造业平台企业嵌入后，集群多层次组织网络的变化进行研究，总结集群创业及其演化规律，并进行有效性验证。

从分析视角来看，现有平台研究案例选择重复性很高（国内学者大多选择海尔、韩都衣舍、小米等知名企业），并且大多是关于研究平台企业本身形成机制（平台理论和实证研究也是如此），缺乏深入探讨不同类型平台企业嵌入组织网络后对集群创业的影响逻辑，从而无法形成研究的有效理论复制。事实上，平台已经成为新一代技术革命背景下的主导组织形式，而这恰恰是中国本土企业的"主战场"，本书仅列举了部分制造业平台企业嵌入后的集群创业案例，此外还包括政府主导的特色小镇、产业创新服务综合体建设等工作，其中也蕴含了平台创业的思想。因此，本书认为需要采用更多元化的案例视角，选择更多类型的中国本土平台企业作为典型案例，并且将研究视角从平台企业形成机制研究转向平台企业作用机理的讨论，从而更客观和有效地刻画集群创业新规律，为推动国内实体经济转型提供理论支撑。

### 三、需要进一步解释政府与集群创业之间的关系

创业政策和创业环境是当今学者关注的热点，不少地方政府制定的工业经济政策都会考虑因企业个体性差异制定"一企一策"、因区域性差异制定地方性的"普惠性政策"。但现有产业创业政策研究大多偏重于解决宏观性的政策制定问题，而忽视了实践中政策实施对象的差异性，也就无法准确辨析究竟哪类政策能有效促进集群企业创业，造成现有研究无法有效解决地方政府在"因材施政"中遇到的现实问题。然而，政策与环境都是动态的，要解决这一现实问题，需要进行长期有效的追踪研究，但是受制于研究范式和研究方法，现有研究无法准确还原现实中政府政策作用于集群创业的动态过程，也就难以建立政策长期效果检

验的动态模型，更无法提出政府政策优化建议方案，致使现有理论研究与政府实践工作脱节。

# 第三节 研究方法、技术路线

## 一、研究方法

1. 多案例研究方法

选择制造业平台企业嵌入后带动集群创业案例，运用扎根理论研究思路，采用初始编码、轴心编码与概念范畴化运用，挖掘与分析集群创业在不同层面上的创业行为、创业过程、影响因素等信息。

2. 复杂网络分析模型

从耦合强度、耦合时滞等维度刻画"平台网络—关系同步化"过程，从加权耦合、相位同步等维度刻画"集群网络—结构同形化"过程，并采用 UCINET 软件对网络关系和网络结构进行定量分析。

3. 基于 NetLogo 平台的仿真模型研究

依据集群创业的多层次组织网络中关系和结构的互动关系，建立多主体仿真模型，还原典型案例的创业过程，参照小世界网络模型算法仿真模拟创业的动态过程及演化规律。

## 二、研究技术路线

本书以制造业平台企业嵌入多层次组织网络为研究点，从平台网络、集群网络、外部网络三个层面讨论了集群创业在不同层面上的创业行为、创业过程、影响因素及其协同演化规律，在此基础上以典型案例为剖面，运用复杂网络多层线性分析方法，构建多层次组织网络下的集群创业仿真模型，提出相应的网络优化治理对策，为激活微观主体创业活力，促进产业可持续发展和推进我国"大众创业、万众创新"提供理论支撑。本书的研究技术路线如图 1-2 所示。

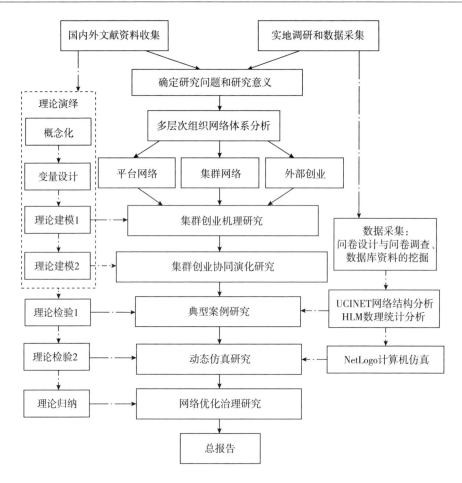

图1-2　研究技术路线

## 第四节　主要创新点

与以往有关平台企业的研究不同，本书首先将研究重点定位在集群中核心（焦点）企业，其次将集群创业行为视为反复迭代的自组织行为，并引入创业网络、创业学习、企业创业绩效作为变量，研究不仅包括管理、集群相关理论，还包括自组织理论、复杂网络理论、公司创业理论、平台企业理论等其他社会科学的观点。在借鉴前人相关研究成果和分析方法的基础上，本书还结合典型企业的跟踪调研，通过严密的理论分析与逻辑演绎，提出了制造业平台企业创业带动集群创业的理论框架，并利用统计分析与仿真建模进行理论假设的检验。本书主要在以下四个方面有所创新：

创新点1：新兴的创业管理领域主要关注公司创业的微观层面，而制造业企业平台企业嵌入集群网络后带动的是一个"群落"的创业（集群创业），其本质需要将创业研究领域从微观层面拓展至宏观层面。这种跨层面的研究有必要引入复杂网络学科领域的多层线性分析模型，既需通过"平台网络—关系同步化"分析个体层面内的创业行为、创业过程、影响因素，也需通过"集群网络—结构同形化"解析整体层面间的交互作用和突生作用。因此，本书以平台企业（微观）为研究点的产业集群（宏观）创业理论研究，构建了创业管理领域从微观到宏观的分析框架和研究视角。

创新点2：本书在制造业平台企业特征分析的基础上，以解释性多案例研究为主线，选择了更多元化的国内产业集群创业案例进行因果逻辑的推理及比较研究，建立理论框架，提出研究命题。同时，本书基于混合数据将网络分析与统计分析相结合，在提出理论研究框架的基础上，运用案例研究范式对集群创业演化的内在规律进行挖掘，并用计算机仿真模型模拟了其规律性演变过程。在研究方法上，本书丰富了以集群创业和平台企业为主题的相关研究，强调了中国情境下平台企业及创业理论的研究，为深化相关理论提供了更多的技术解决方案。

创新点3：本书在动态演化视角下研究多层次组织网络与集群创业间的协同演化关系，并分析了制造业平台企业嵌入后集群企业创业和集群整体创业的跨层次的协同演化规律，构建了从企业创业到集群创业，从平台网络到集群网络及外部网络的协同演化逻辑模型。这一研究设计，突破了现有研究范式和研究方法的局限性，深化了产业集群创业微观动态机制及其规律的研究，弥补了以往动态研究分析难以深入的不足。

创新点4：本书将政府制度工作作为研究集群创业行为新视角，考虑到政策制定及实施对象的差异性，以此归纳并提炼了核心企业创业发生机制与集群性创业发生机制，从理论上解决了因政策实施对象的不同，而难以对政策有效性进行分析的问题，并从典型集群创业案例中推演出集群创业行为过程影响的分析框架。这一设计思路有效规避了原有研究仅从因果关系分析政策对集群创业的影响（结果导向型研究），重视过程性分析，解决了宏观政策效果检验与微观企业个体数据有效勾连问题（过程导向型研究）。这一研究构思和方法具有开拓性，为深化集群创业研究理论提供了新思路。

# 第二章 文献综述

## 第一节 创业网络、创业学习与公司创业

### 一、创业网络相关文献回顾

公司创业主要通过创业网络开展新业务、进行内部更新及风险投资等活动（Sharma and Chrisman，1999；Semrau and Werner，2012）。自 Aldrich 和 Zimmer（1986a）提出将创业视为一种嵌入社会关系网络的现象后，组织网络逐渐成为研究新企业形成和发展的有效工具。其中，创业网络主要指企业与其他组织间直接或间接的连接关系（Hoang and Yi，2015）。与主流创业研究关注企业内部组织构建与外部机会开发创造新价值不同，创业网络关注的是企业网络构建、利用以及其对企业价值创造的影响（Hansen，1999；Zahra，1995），其从本质上来说是外部资源的有效获取和利用问题。事实上，不少创业网络研究的一个重要方向就是与制度经济学理论相结合，特别是 Williamson（1985）从降低交易费用视角提出了"混合体制网络"，即以联合投资、战略联盟等形式存在的网络组织有着重要的信息和资源价值（云乐鑫等，2017）。此后，对创业网络的研究开始转向企业间不同形式的合作关系对资源获取利用的影响，这将创业网络研究逐步引入到新制度理论的框架下。新制度主义关注的是基于交易成本下，组织间关系的构建和利用问题，这为创业网络研究提供了新的视角（Greve et al.，2010）。

创业网络是企业开展创业活动获取资源的重要途径，通过创业网络获取的资源通常比通过市场交易获取的资源更具备成本优势（林嵩、姜彦福，2009）。组

织间关系活动对交易成本的影响作用已被广泛证实。已有研究表明，有选择的企业间关系联结可以有效降低创业网络的构建成本，有效促进企业创造不同于其他组织的新知识，开展创业活动，而关系联结的方式不同也可以提高创业网络合作伙伴间的信任程度，从而降低企业网络转化成本（Zhao et al.，2013），企业更易获取存在于组织边界之外的知识，实现公司创业。因此，创业网络的关系研究一直被学者关注，但以上研究没有回答创业网络"如何构建"及"如何利用"的具体机制和过程问题。

已有创业研究特别关注创业网络在企业信息、知识、资金等资源获取过程中的积极意义（Semrau and Werner，2012），如有学者发现在知识获取阶段，组织间学习是企业知识获取的重要方式之一（Bruneel et al.，2010）。因此，不少学者都试图从关系视角解释创业网络"如何构建"的问题，这些研究重点关注了网络关系、网络内容及其所能带来的资源（韩炜、彭正银，2016；Collins and Clark，2003），并且将其与组织知识学习相关文献进行了有效联系（杨隽萍等，2013；Agarwal et al.，2010）。有关网络关系的研究已经为学者们所重视（朱秀梅、李明芳，2011）。一般而言，弱关系构建的创业网络能为企业提供更多的发展机会，企业更易选择从事新产品开发和战略更新等创业行为（Keats and Hitt，1988；Lechner et al.，2006）；强关系构建的创业网络能够帮助企业更好地理解和利用知识，从而降低了企业的知识转化成本，企业更易发生技术改进和进入新业务等创业行为（Corso and Pellegrini，2010；Larson，1992）。

已有研究对于网络关系以及网络内容，乃至网络节点之于组织学习和创业成功的作用都有深入探讨，但对于创业网络本身的形成与演化机制的研究则相对匮乏（周冬梅等，2020），这是由于网络形成机制需要深入探讨关系网络构建过程与创业行为的相互关系，网络演化机制需要考虑组织结构和规模等因素的影响（Shimizu，2012；Huggins，2018），单一层次的研究很难解释这一关系前因性。换言之，在创业组织网络形成与演进过程中，促使企业有效地开展创业活动的关系前因性研究很重要，而这主要取决于组织自身的内部状况以及外部环境的复杂性。例如，有学者从权变视角探讨了公司创业的前因及其影响过程，并且发现外部环境的动态性在组织结构分化/整合以及公司创业之间起着调节作用（Burgers and Covin，2016）。因此，后续研究仍需要分析企业采取某一涉及创业网络建构的前因条件，从而理解企业为何会需要构建相应关系网络以获取特定的知识和技能。

近几年兴起的制度逻辑和制度工作研究为公司创业研究提供了一个新的研究思路，即企业网络关系（制度构成要素之一）的作用形式和内容，应结合制度环境之于行动者能动性的抑制和促进作用来分析和思考，而非单纯地考虑网络关系对成功的制度设计及其扩散的价值（Thornton et al.，2012）。具体来说，制度逻辑视角强调创业面临的场域或复杂的制度环境（Greenwood et al.，2010）以及上述复杂性蕴含的潜在冲突网络边界处的创业机会，同时制度工作理论突出了个体在创造、维系和推进制度时的积极作用，强调了制度与个体能动性之间的辩证关系（Lawrence et al.，2011）。因此，整合这两大分析工具，有利于我们在研究创业网络关系的约束性与创业企业的能动性间形成有效的连接，从而理解通过网络构建和利用来实现公司创业的机制。

**二、创业学习相关文献回顾**

创业学习是创业成功的关键因素（Sardana and Scott-Kemmis，2010；Keil，2004）。从组织学习视角看，学习类型可以分为利用式学习和探索式学习（March，1991），Levinthal 和 March（1993）进一步将这两个概念概括为如何"追求新的知识"与如何"利用和开发现有的知识"，强调了知识学习的过程性。Zahra 等（1999）将上述洞见引入创业领域，并将组织边界作为划分的依据，进一步把创业学习分为习得式学习和体验式学习，强调了知识与学习之间的转化关系。有学者在 Zahra 等（1999）的分类基础上，提出了先天性学习、组织间学习、体验式（试验式）学习三种学习方式，并且分别讨论了这三种学习方式如何帮助创业企业获得特定知识的具体过程（Bruneel et al.，2010）。上述关于创业学习具体模式的研究主要集中于对知识获取、知识流动和知识共享三大要素的梳理和探讨（周冬梅等，2020）。可见，创业学习是创业知识管理的重要环节，体现了企业在与内外部互动的过程中实现知识显隐转化的能力（李雪灵等，2013）。如果仅考虑企业在创业进程中知识学习的模式划分，探索式和利用的分类显然更加有效和便于使用（Benner and Tushman，2003）；同时，考虑到本书的重点在于研究创业演进过程中创业网络与创业学习关系的构建过程而不是学习过程本身，因此探索式学习和利用式学习更适合对研究问题的分析。

现有对创业学习的研究主要集中在以下几个方面：一是创业学习的具体过程。这大致可以从创业者个体和创业企业组织两个层面来展开。比如，有学者讨论了"海归"创业者在家族企业中创业的具体历程，并提出其经历了海外获取性创业学习、创业动机促发、试验性创业学习三个主要阶段（王扬眉等，2020）；又如，有学者将创业学习过程归纳为知识获取、信息分发、信息解释以及组织记忆等阶段，并详细论述了上述过程的具体表现（Sardana and Scott-Kemmis，

2010）。进一步地，有学者从"个体—组织"跨层次学习互动模型角度来探讨创业学习，并提出在创业的初期、转变期以及突变期，个体学习的模式与组织学习的模式呈现协同共演的特点（陈逢文等，2020）。二是创业学习的前因问题。目前，这方面研究成果相对较多，结论也较为复杂（Zahra，2015；Kreiser，2011；Covin et al.，2006）。现有研究普遍认为，外部信息和知识的可获得性、组织自身的内化与吸收能力，以及组织学习导向等因素是构成创业学习成功与否的关键前因（Yang，2012）。也有研究提出，创业事件自身的事件空间以及强度等因素，或许也会影响到创业学习的作用（张默、任声策，2018）。

有研究表明，采取何种创业学习模式，取决于组织创业环境和创业目标（Yang，2012；李雪灵等，2013）。Wolcott 和 Lippitz（2007）认为，对于某些机会主义式的公司创业而言，内外部创业网络是组织形成创业理念并整合资源的前提，换言之，在很多时候，公司能否有效地借助学习探索和利用外部知识或技术，与创业网络密切相关。从某种角度上看，在当前的产业竞争环境下，传统创业学习模式可能已经过时与式微，新创业学习模式的重点将不再是如何通过内部试错逐步依靠"干中学"获得自身的竞争优势，而是需要依靠创业网络构建来"习得"外部的知识，进而化解组织面临的技术和管理困境，即创业学习在大多数情况下都必须优先思考如何解决"如何利用"创业网络这个问题（Keil，2004）。例如，随着知识共享模式发生变化，在研究创业学习和获取知识的主要途径与方式时，更需要将其与创业网络的演变结合起来（周冬梅等，2020）。

### 三、创业网络、创业学习与公司创业的研究

#### 1. 创业网络、创业学习与公司创业的传统关系逻辑

从上述文献归纳来看，创业学习一直被认为是公司创业的重要前因（Huggins，2018；杨隽萍等，2013）。已有研究表明，公司创业活动（行为）的发生可能源于基于外部网络的组织学习（云乐鑫等，2017）。首先，有选择的企业间关系联结可以有效降低创业网络的构建成本，促进企业创造不同于其他组织的新知识学习，从而有助于开展创业活动。其次，关系联结的方式不同也可以提高创业网络合作伙伴间的信任程度，从而降低企业网络转化成本（Zhao et al.，2013），使企业更易获取存在于组织边界之外的知识，从而获得创业成功。因此，创业网络与创业学习关系的研究一直以来都被学者所关注（Greve et al.，2010），一般认为，创业网络是企业开展创业学习的重要途径，通过创业网络获取的资源，通常比通过市场交易获取到的资源更具备成本优势（林嵩、姜彦福，2009）。

从动态角度看，创业网络的演变可以视为目标引导型网络，所谓目标引导型网络大多是企业为共享目标而建立，且具有"核心—边缘"结构的集中化网络（Kilduff and Tsai，2003）。因此，可以认为，基于学习目标而逐步演变的创业网络，是企业获取资源的重要来源，构建有利于企业阶段性发展的特征网络，能够有效促进创业学习（Bruneel et al.，2010），助推企业创业成功。

不过，就目前而言，创业网络与创业学习间关系的探讨并没有非常明确，这是由于创业过程需要的知识涉及多个维度（如科学型知识、市场型知识和供应链知识）（余传鹏等，2020），如何借助利用式学习或者探索式学习，在根本上取决于创业阶段以及前期创业网络的属性。破解上述难题的关键在于把握企业如何构建创业网络、利用创业网络促进创业学习（Bojica et al.，2017）。例如：小米从"山寨"逻辑到"创新"逻辑的成功转变，就是通过创业学习方式的转变来实现的；诺基亚衰败的原因就是固守"经济成本"逻辑而无法实现转向"体验"逻辑的突破，导致创业学习路径的"路径依赖"和锁定。

基于上述分析，本书认为传统的创业关系逻辑是：创业网络构建能够影响创业学习模式选择进而影响公司创业（见图2-1，实线1和实线2）。

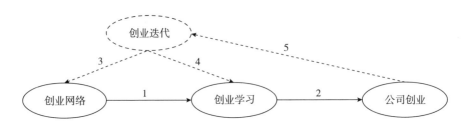

图2-1 本书分析框架

2. 迭代视角下的创业网络、创业学习与公司创业三者关系

随着所谓"成长品"等新型互联网产品的出现（肖静华等，2020），越来越多的产品迭代转变成依托特定平台的企业创业活动，因此，在数字化时代，公司创业亦必然是多次与重复，或者说是迭代的过程。与之相应地，创业网络与创业学习在创业过程中扮演的角色亦需要被重新思考和分析。因此，本书引入创业迭代的概念，以表示优化、调整和完善公司创业（行为）的组合（见图2-1，虚线5）。第一，创业网络与创业迭代。在新环境下，不少企业尝试对自身产品进行快速更新以确保自身在竞争中立于不败之地，不过，正如部分文献所论述的那样，"创新者窘境"问题一直困扰着各类企业（刘颜楷、尤建新，2019）。为此，部

分大型公司试图通过对自身原有竞争优势的再次整合以及微创新"迭代"等方式，以实现组织转型的稳健性（罗仲伟等，2014）。这些基于产品的迭代创新过程往往伴随着价值链的重构（刘静、范景明，2019）、组织网络的演变（罗仲伟等，2017）以及"组合—迭代"战略风险的管控（谢康等，2016）。因此，创业迭代重构了创业网络，调整了创业学习模式的选择（见图 2-1，虚线 3、实线 1和实线 2）。第二，创业学习与创业迭代。在创业过程逐渐由线性模式向非线性模式转变的情况下，信息、知识等资源从外到内不断进行转化、重组（Arfi and Hikkerova，2019）。这一创业迭代过程要求创业学习改变原有的单线学习模式，转向多元动态的模式，即从迭代角度看，企业会重组自身的知识循环、产品创新，并且在创业网络重构过程中不断改变学习模式，从而更好地适应创业的需要（见图 2-1，虚线 4 和实线 2）。

由此可见，创业迭代是具有时间维度的概念，更强调动态性和阶段性（Chen and Nadkarni，2017）；同时，创业迭代亦具有方向性，通过优化、调整和完善创业网络和创业学习及其组合形态，实现从一个间断转到另一个间断，其主要作用在于对创业网络、创业学习以及这两者之间的相互关系进行重构和组合，从而帮助企业实现对阶段性创业的突破（朱晓红等，2019）。

## 第二节  平台企业及创业政策研究

### 一、平台企业研究

现有对平台企业及其组织演化的研究主要有以下四个方面：①产品开发平台研究（平台赋能视角）。主要从战略管理与组织理论领域对平台企业进行研究，包括从界面理论、模块化理论等组织层面视角展开（Tatikonda，1999）。张小宁和赵剑波（2015）、简兆权等（2017）、王凤彬等（2019）以模块化理论为视角，研究了海尔集团"平台+小微企业"的组织结构，分析了海尔从传统制造业企业向平台化企业转型的过程。朱晓红等（2019）以界面理论为视角，比较分析了消费服务业平台企业代表"韩都衣舍"和制造业平台企业代表"全影集团"的企业平台化构建过程。宋立丰等（2020）研究了海尔、小米和猪八戒网的企业平台化赋能模式。②双边市场平台（平台运营视角）。主要集中在平台定价和平台竞争两个方向（董亮、赵健，2012），平台研究开始由组织内研究向组织间研究深化。Saebi 和 Foss（2015）研究了提供产品或服务的交易网络（Rochet and Tirole，2003），并提出了相应的平台企业竞争策略。胥莉和陈宏民（2006）、程贵孙等（2009）、胥莉等（2009）分别以银行卡、电视传媒平台等为案例，解释了不同平台企业的双边市场定价策略。③创新平台研究（平台演化视角）。重点从组织间演化转向产业整体层面进行研究。陈威如和余卓轩（2013）、崔晓明等（2014）、刘江鹏（2015）、王会娟和廖理（2014）主要从平台企业成长的视角考察了平台创新与战略选择间的关系；吴义爽（2014）以生产性服务业为案例，梳理了集群内平台企业转型与创新发展带动产业升级的关系机理，并解释了从平台企业微观视角到产业整体宏观视角的跨层面演进机理（吴义爽、徐梦周，2011）；汪旭晖和张其林（2015）以阿里巴巴集团为案例，研究了创新平台的核心企业属性（微观）及政府职能属性（宏观）。④平台组织与集群升级研究。现有研究已经注意到平台作为一种新组织形式对集群升级的作用，但大多仅从消费服务类平台的定性视角进行展开。例如，Gawer 和 Cusumano（2014）关注到平台企业与产业创新间跨层面互动现象；陈夙等（2015）立足中国产业实践，分析了"对接创新创业主体的消费服务平台"在产业集群升级中的作用；吴义爽（2016）则进一步总结了基于商贸交易平台的跨层面升级对推动集群整体升级的机理。

综上所述，从制造业平台企业研究来看，现有平台企业主要从技术创新平台构建、产品开发平台构建、双边市场平台构建三个方面推动集群企业重构（见图2-2）。

## 二、公司创业政策研究

Lundstrom 和 Stevenson（2001）认为制定和实施制度性创业政策的本质是为了促进创业，提高创业活动水平，而创业政策的作用在于减少创业或新创企业所面临的不确定性（Hart，2003）。现有研究主要从以下两个方面进行展开：一是政府微观性政策促进创业，即政府直接对创业企业提供技术服务、增加资金供给等。George 和 Prabhu（2003）认为政府为技术开发和商业化提供金融政策支持可以有效促进创业，并以印度为例分析得出技术支持政策极大地促进了创新和创业活动的结论。Gurtoo（2009）认为政府政策必须考虑创业企业的回应性，印度福利或生存导向型政策收效甚微的原因就是忽视了个体创业者的进取心。Arnold（2015）认为政策制定更应该考虑政策的回应性，因此应尝试让基层官员参与到创业政策的制定中。Lenihan（2011）认为有效的中小企业创业扶持政策应该集

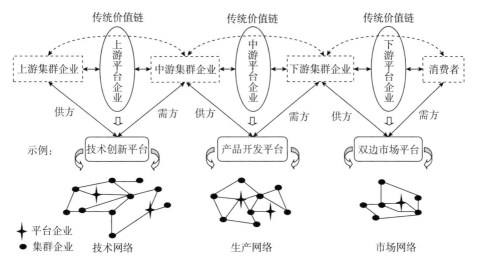

**图 2-2 不同类型平台企业特征**

注：示例为一种形式的平台企业+集群企业创业模式，如智能手机产业集群。

（1）技术创新平台为集群价值链上下游企业的研发和生产活动提供了支撑，极大降低了创业成本和风险；典型研发平台类企业，如智能手机产业链中的苹果（提供 iOS 操作系统）。

（2）产品开发平台为集群价值链上下游企业进行模块化开发提供了工具，极大地提高了创业活力；典型功能开发平台类企业包括品牌制造商（三星、华为、小米等）、电信运营商（如中国移动、中国联通、中国电信）。

（3）双边市场平台（互联网）以电商企业为代表，是连接消费者与产业链企业的桥梁，加快了集群企业创业的迭代速度；典型互联网平台类企业包括淘宝、京东、国美、苏宁等。

中在研发、创新和教育等方面。二是政府宏观政策带动创业，即政府应该致力于营造良好的创业环境。Carlsson 和 Mudambi（2003）在研究高新技术创业集群形成的过程时发现，政府应该致力于为创业集群的形成创造有利条件而不是以参与者的身份来推动创业。Lim 等（2010）研究显示，法律、金融、教育以及信任关系等制度环境会影响创业者对自身创业知识、能力和意愿的认知，最终影响他们的创业决策。

# 第三节 制度工作、制度逻辑与集群转型升级

## 一、新制度主义集群学说

产业集群理论起源于地理接近性下的关系接近性研究。例如，韦伯（1997）

在论述集聚经济时提出了产业间"关联性"和企业间"互动性"的概念；Granovetter（1992）进一步强调这种概念的讨论需要建立在"嵌入性"理论对社会关系进行分析的基础之上；Keeble 和 Wikinson（2000）从"关系接近性"的维度提出了产业集群的概念。事实上，对关系接近性的嵌入分析的一个重要方向就是与制度经济学理论进行联系，特别是 Williamson（1985）从降低交易费用的视角提出了"混合体制组织"，即以战略联盟、关系网络等形式以及以之为基础而存在的产业集群（Poppo and Zenger，2002）。此后，对产业集群的研究开始从对集群内部成本、投入产出关系的关注转向对集群内部制度构建的关注，这将集群研究逐步引入到新制度理论的框架下。Meyer 和 Rowan（1977）等学者将制度分析融入到对现代组织及其结构的分析，形成了新制度主义这一理论框架。新制度主义关注的是组织发展中企业间的同形性趋势（Oliver，1991），即促使组织采取相似决策和战略的制度力量，以及由此出现的组织场域结构化（Abrahamson and Fombrun，1994）。

在这个过程中，源于政治力量的合法性至关重要。例如，政府为推动集群发展，给集群企业施加正式制度性规则（如企业遵循政府的环保要求，采用新的污染控制技术）；为促进集群创新，给集群营造共同的法律环境（如政府通过专利保护的形式，形成了良性竞争的氛围）；为发挥集群效应，给集群企业制定引导性的范式（如政府加大保护知识产权的力度，规范了市场秩序，防止了企业间恶性竞争）。因此，制度性政策一直以来都被政府和学者所关注（Hospers and Beugelsdijk，2002；Silberman，1995）。但是，与制度性政策相关的研究存在着一定的不足。一方面，从方法论角度来说，现有集群制度性政策的分析思路都是"从果到因"，或者说是从制度本身的内容去研究，然而集群间的区域性差异、阶段性差异、特征性差异等，使得每个集群制度环境都不尽相同，难以进行简单的复制和归类，更难以针对集群制度性政策的有效性进行判断。另一方面，更为重要的是，从理论角度来说，传统的新制度理论研究受建构主义思路的影响较大，往往强调个体或组织对于制度要求的服从或一致性，忽视了其可能的创造性和回应性（Oliver，1997）。

考虑到上述两大问题，近些年兴起的制度逻辑和制度工作的研究，就新制度学说偏重于制度实践扩散或者单纯的制度制约个体的思路进行了反思（Greenwood et al.，2008），并在方法论上强调从各类制度的作用机制出发来考察其可能的问题与不足，而非单纯地考虑成功制度及其扩散（Greenwood et al.，2010）。具体来说，制度逻辑视角强调集群面临的场域或复杂的制度环境，其可能是多元的而非单一的（杜运周、尤树洋，2013）；同时，制度工作理论强调个体在创造、维系和推进制度时的积极作用，强调了制度与个体能动性之间的辩证关系（Lawrence et al.，2011）。因此，整合这两大分析工具，有利于我们在宏观制度环境的制约性与微观组织的能动性间形成有效的连接，从而理解特定的政府政策如何在推动产业转型升级的过程中获得成功。

### 二、制度工作理论

制度工作理论为个体研究提供了很好的分析思路。制度工作的主要研究对象是个体或者集体行动者"创造、维持和破坏制度的一系列有目的"的行为（Lawrence and Suddaby，2006）。这一定义强调制度工作的核心是要重新把个体带回到制度研究中，强调行动者在面临制度约束时应具有多种应对机制和潜在的创造力。进一步地，制度工作设计可以进一步细分为外部制度工作设计和内部制度工作设计两大块（Annabelle and Nelson，2013）。其中，外部制度工作设计包括外部性实践工作（通过制度、环境、标准创新带动组织内其他成员协同创新）和合法性努力（塑造新文化认同、执行新行业标准，履行新法律规则）（Scott，1995）；内部制度工作设计包括内部性实践工作（通过各种有意义的活动推广新组织理念、文化）（Engeström，1999；Jarzabkowski，2004）和组织认同努力（增强组织成员对新制度逻辑的认同感）（Alvesson and Svenningsson，2003）。需要指出的是，相比于以往的新制度研究文献，制度工作理论特别重视对行动者意图和努力以及涉及制度性结果的活动的研究，强调据此发现行动者"为什么"以及"如何"展开与制度有关的一系列行为（Lawrence et al.，2009）。

本书试图通过对个体意图进行深层次分析，理解案例中行动者到底能在多大程度上推进或改变现有的制度，并在事实上体现了制度工作所推崇的"项目式能动"的基本内涵。参考 Emirbayer 和 Mische（1998）的研究成果，本书从三个类型的角度解释行动者意图：基模型或图式型、情境型以及预设型。其中，基模型意味着行动者适当调用或多或少内隐或者理所当然的那些行动图式来开展行动，这一类型的意向往往与"过去"相连，典型的如所谓的"惯习"行动；情境型指那些与现在密切相关的意向，指个体对于当前所处情境的合适分析和自我回应，个体基于社会经验对某些外部情况作出合适的回应，都属于这一类型；预设型涉及对于未来的考察，与一般情况下的意图含义最为接近，大多数目标指向和未来导向的行为均属此类。对于个体意图的强调，从本质上说是为了弥合原有制度创新研究过分强调"英雄式"行动者对于场域的颠覆式影响与传统制度理论间的内在张力，从而确保研究有可能从场域"内生"的意义出发来考察制度变迁。

本书通过对行动者的"努力"进行考察，把握驱动案例中行动者采取某一制度工作的条件及其动机，从而理解个体为何会采取某一行动以实现与某一制度相关的目标。Lawrence 等（2009）认为，行动者的"努力"就是帮助组织打破原有规则、规范和体系，这里的"努力"可以理解为改变原有环境的"斗争"行为，而这里的行动者可以是组织中处于场域边缘的个体（Mair and Marti，2009），如本书中的集群内创新企业，也可以是组织中特定场域内的个体（Lawrence et al.，2011），如本书中的政府。强调行动者的"努力"，分析"努力"的多寡和变化（Lawrence et al.，2009），是本书判断特定制度工作性质的重要判据，也是判断某一活动是否成为制度工作的前提。

### 三、制度逻辑理论

制度逻辑理论重视对制度环境的复杂性进行积极回应，这为本书提供了重要启示。Greenwood 等（2010）对西班牙企业的研究表明，当市场逻辑兴起时，地区政府逻辑和家族逻辑对其进行了积极的回应，这导致了当地企业在行为与结构上产生异质性，意味着当面临新的制度逻辑时，政府和企业的互动可能会带动产业内企业行为模式的转变，为产业升级创造可能性，而这显然涉及企业、政府、产业的联动关系。一般认为，制度逻辑理论关注结构与能动、实践与象征、历史权变与依存的三个二重性特征（Thornton et al.，2012），提供了分析宏观层次上的制度安排与微观层次上人们可观察行为之间的联系的可能性（周雪光、艾云，2010），为认识集群升级的微观基础提供了一个重要视角。特别地，制度逻辑理论在弥合结构能动后产生的对"行动者嵌入性"属性的强调，使得集群升级研究能建立在实证的基础上；而对制度的历史性依存预设，是本书在案例中探讨集群升级过程中是否是行动者的改变导致了制度逻辑的转变的重要前提。正如Friedland 和 Alford（1991）强调的，制度逻辑理论可以在"三个分析层次上——彼此竞争和谈判的个人、处于冲突与协调中的组织、彼此矛盾和相互依赖的制度上展开同时研究"。因此，我们可以从企业与政府行为中探究制度逻辑的演化过程，并解读微观个体行为及其互动关系对集群升级的影响。

具体而言，在制度逻辑视角下，在场域中往往存在着多种竞争性的制度性力量（逻辑），但是在特定时期内，某一现实场域内存在较为稳定而明确的主导性逻辑，组织会遵循此制度逻辑的基本假设和要求，即制度逻辑会引导行动者把

"内在的认知与外在的习惯与刺激"整合一起（Thornton，2004），在这样的情况下，组织在观察外部环境时往往会产生一定的偏差和不足，从而导致行为偏差或不足。换言之，在特定的产业中，由于主导性的制度逻辑形塑了行动者思考问题的基本假设和价值取向，并在此基础上提供了一系列被行动者（企业及其他关键行动者）理解为理应如此的、合宜的组织结构、分类以及话语，因此企业在开展其经营性活动时，往往会遵循某些基本的（往往是带有偏见的）行为模板（Almandoz，2014），来回应、评估外界的种种市场信息和信号。上述情况就导致了特定的创新或创业活动不仅需要突破市场阻力，更需要突破与之相辅相成的制度性阻力。

因此，从制度逻辑视角来说，集群升级的关注点应该落脚于企业突破主导性制度逻辑所设置的"囚笼"，而非仅仅考虑市场性因素带来的经营性困境，而沿着这一思路，我们就有机会援引早期制度研究中关于政府作用的"嵌套系统"观点，考察政府作为重要的制度性行动者的积极意义（Holm，1995）。同时，本书认为引入"制度工作"的相关理论观点是必要的。

## 第四节　理论述评

上述研究为制造业平台企业嵌入多层次组织网络的集群创业机制研究提供了基础。综上，相关的文献研究主要有以下趋势：

趋势1：平台研究作为战略管理领域的新方向，已经越来越受到产业经济领域的学者关注。事实证明，嵌入制造业平台企业是新一代科技革命下集群获得竞争优势的战略选择，也是推动传统集群转型升级的必要途径。我国不少集群通过嵌入平台企业实现了集群内资源、技术的获取、整合和利用，带动了集群企业创业，甚至重新定义了产业集群发展格局，形成了产业新高地。

趋势2：产业集群作为区域经济发展的普遍形式，涌现了越来越多的制造业平台企业嵌入集群网络后带动创业的现象。产业集群属于区域发展管理研究的领域，现有集群研究大多还集中在地理接近性下的关系接近性研究，然而平台企业所具有的跨边界网络效应既打破了地理边界，也打破了关系边界，重构了集群创业生态（如苹果公司通过 iOS 智能操作平台重构了全球手机产业格局，小米公司通过智能家居"米家"平台重新定义了家居产业发展模式），为揭示这一创业新业态，需要从战略管理领域对产业集群研究进行新的解构。

趋势3：新兴的创业管理领域关注的是公司创业的微观层面，而制造业研究的是平台企业嵌入集群网络后如何带动一个"群落"的创业（集群创业），其本质需要将创业研究领域从微观层面转向宏观层面。因此，本书中的研究属于多学科领域交叉的共性难题，具有战略管理、区域发展管理与创业管理三个学科领域交叉的特征，研究旨在通过分科知识融通，进一步完善创业管理理论知识体系，为激活微观主体创业活力、促进产业可持续发展和推进我国"大众创业、万众创新"提供理论支撑。

趋势4：现有制度工作理论研究受建构主义思路的影响较大，往往强调个体或组织对于制度要求的服从或一致性，忽视了其可能的创造性和响应性（Oliver，1997）。政策实践研究更关注政策主体（即地方政府）的创业政策制定和实施，而忽略了政策客体（企业或集群）对创业政策的实时响应性问题，使得现实中很多政策变化跟不上企业变化、环境变化，导致政策实施有效性较差。因此，无论是理论研究还是实践研究都需要考虑政府、集群、企业三者间的互动因素，重视企业和集群一手政策的反馈信息，建立政策回应调整机制。

# 第三章  构建和利用创业网络实现创业迭代：制造业企业转型平台企业的创业过程

  以智能互联网、智能制造为代表的新一代信息技术科技革命不仅改变了传统企业的创业环境，也改变了新兴企业创业的发展逻辑。值得注意的是，一方面，自中美贸易摩擦爆发以来，关键领域的核心技术"卡脖子"问题成为影响我国企业高质量发展的重大隐患；另一方面，我国在电子商务及 5G 应用方面具有相对领先优势，积累了大量行业用户及丰富的行业数据，成为全球新经济创新创业的新高地。因此，在数字经济新环境下，如何整合和利用资源，确保企业价值创造和竞争优势提升（肖静华等，2020；Zahra，2015），是我国企业实施创新驱动发展战略的关键。事实上，在这一新环境下，已有不少企业通过创业实现了资源、技术的获取、整合和利用，获得快速成长，甚至重新定义了所处产业的发展格局。比如，海康威视从成立之初就是通过与供应商、客户和大学等的合作，不断整合内外部创新资源，实现了持续技术迭代，突破了关键核心技术，最终成为安防监控行业全球第一（浦世亮、本刊编辑部，2019）；又如，腾讯微信产品的内部创业，则是以技术和价值链迭代为基础，通过构建客户学习网络、积累行业数据，不断跨界整合创新资源，进而形成了中国最大的社交平台商（刘静、范景明，2019）。可见，类似的迭代式创业已成为现代企业实现发展方式转型、促进企业升级的重要途径。

  创业迭代是企业根据组织外部环境变化、利益相关者反馈和组织内部压力等刺激对原有公司创业（行为）进行优化、调整和完善（刘志阳等，2019），从而实现创业间断均衡中"跳跃"和"转变"过程中的一系列行为组合（张杰盛等，2017；魏龙、党兴华，2018）。尽管现有研究认同创业是一个持续的过程，但对创业行为自身的反复和持续循环迭代过程却仍然缺乏精确与系统的认知（Kuratko and Hoskinson，2019）。例如，已有研究多从单一创业行为层次研究入手，求证"行为—创业"的因果逻辑关系，主要存在以下两点不足：第一，创业过程本质上是多次创业行为迭代的结果，而非单一的创业行为，因此需要从单一的创业行为层次研究的视角深化为复合式的多层次分析研究视角。现有创业网络研究主要从创业机会和资源获取（Ali et al.，2020）、商业信息和商业资源的利用（Marquis and Kunyuan，2018）等角度来讨论创业网络的形成和效应（Hoang and Antoncic，2003），其中，形成相关的研究侧重于创业网络构建，效应相关的研究侧重于创业网络利用，却都忽略了对创业过程中从"构建"网络到"利用"网络勾连机制分析与讨论（Zahra，2015）。因此，上述分析仍旧是单一创业行为机理的研究，而没有深入剖析基于复合式网络的交互及迭代的过程。第二，在互联网经济"充满破坏性"的当下，新时期的公司创业具有动态性和非线性的特点，已有研究从静态视角探究创业网络、创业学习对创业过程影响的结构性前因，已取得了很好的进展（Ireland et al.，2009），但忽视了不同阶段网络的演化所导致企业创业学习与创业行为的改变及其内在的交互机理，也就没有深入研究网络构建与利用机制的协同演化。然而，从公司创业战略理论的角度来看，能够发挥网络作用的不仅是网络本身，也包含网络构建与利用所诱发的创业迭代效应（Tseng and Tseng，2019）。因此，必须把创业网络作为一个被构建和塑造的"中间变量"，以把握和理解其作用和价值（Chen and Nadkarni，2017）。

迭代过程不仅发生在新建企业中，成熟企业同样也存在以创新为特征的创业迭代现象（Shane and Venkataraman，2000，2001）。新建企业的创业包括开展新业务、进入新市场，而成熟企业的创业则包括内部创新、战略更新（Guth and Ginsberg，1990），其核心在于价值创造（Shane and Venkataraman，2001）。由于现有创业网络研究未能区分不同类型企业的创业行为，也就难以辨析其网络构建的潜在不同，更难以解释不同类型网络利用方式及不同主体间交互与迭代的创业过程。因此，本书认为可以从以下两个方面进行深化：一方面，不同类型企业的网络构建和利用方式迥异，其网络伙伴合作关系的选择也不尽相同，需要进一步研究创业网络关系的约束性与创业企业的能动性组合结构。另一方面，网络关系选择也直接影响着企业间知识传递的质量和类型，进而影响不同类型的组织学习模式和创业行为（Hansen，1999）。因此，有必要在运用创业网络理论分析创业迭代过程的同时，引入创业学习理论，解析网络关系与学习模式间的组合关系，以回应早期文献将公司创业（行为）视作知识获取和组织再造的重要观点（Zahra，1995；Yao et al.，2009；Zahra，2015）。

基于此，本书聚焦于"企业如何构建和利用网络实现创业迭代"这一核心研究问题，重点提出了"创业迭代"这一概念，以解释"关系—学习—创业"的阶段性演化过程，并通过双案例分析揭示不同类型的企业在外部技术和市场动态性强且面临领先同行竞争的情境下，如何阶段性构建及利用网络实现企业价值创造的迭代过程。就具体实践而言，本书涉及的浙江杰克缝纫机股份有限公司案例，考察了传统企业如何依托自身市场关系形成的弱关系来获取创业机会以及借助并购来实现组织学习和强关系网络的再造，从而实现市场、创业和学习三者有效整合的创业迭代过程。同时，本书也考察了代表新兴企业的厦门南讯软件科技有限公司，勾勒了其如何利用外部平台提供的弱关系网络，以实现自身高效组织学习和交互式创业迭代，并最终促成商业模式和外部强关系网络的形成。进一步地，两个案例共同表明，创业网络与创业学习在企业实践中不可割裂，两者在不同阶段往往具有动态性和耦合性（蔡宁、潘松挺，2008），在构建由弱到强的创业网络时，企业应该对应地构建创业学习模式，从而确保在创业迭代过程中合理探索、利用和配置外部资源及知识。

# 第一节　研究设计

本书采取逻辑模型下的案例嵌入式分析研究方法，以不同类型企业创业事件作为嵌入式分析单元，并进行建构性解释的多案例研究设计。其原因主要有以下三点：首先，本书研究涉及如何构建和利用创业网络问题，适宜采用侧重"怎么样"和"为什么"的案例研究方法（Yin，2012）。其次，围绕创业网络、创业学习对公司创业的影响，现有文献进行了一定的探讨，但大多侧重于探讨关系、学习与创业之间的线性机理，如关系如何影响学习、学习如何影响创业等，但对创业过程中呈现的显著非线性迭代情境缺乏关注，即没有深入研究创业迭代对创业网络与创业学习的影响机制，因此需要采用探索式案例进行理论建构。最后，本书采用跨案例聚类分析，构建不同情境下案例的逻辑模型，辨析创业迭代过程中网络构建和利用间的因果联系，以期能有效建立因果关系逻辑链。

## 一、案例选择

本书选取杰克缝纫机股份有限公司（以下简称"杰克"）和厦门南讯软件

科技有限公司（以下简称"南讯"）作为案例分析的对象主要基于以下考虑：第一，两家企业的创业过程都有着一定的典型性。杰克自 2003 年成立起，总共发起了 7 次重大创业事件，实现了自动裁床、衬衫智能制造、鞋机智能制造等领域的技术突破，引领了行业技术发展。从一家小型民营缝纫机制造厂逐渐成长为年营收规模达 41 亿多元的缝纫机行业领先企业，并于 2018 年成为李克强总理考察浙江民营经济创业样板企业之一，得到行业内协会、媒体的广泛认可。南讯创立于 2010 年，从杭州郊区的一间小出租房开始，与阿里巴巴淘宝团队合作开发淘宝旺旺插件开始起家。经过持续创业，在短短 9 年时间发展成为零售客户资源管理（CRM）领域的领导者，已与天猫、京东、淘宝、当当、亚马逊等 30 多个国内外主流平台对接，建立覆盖厦门、杭州、北京、青岛、广州五大核心零售产业都市的销售及服务网络，为 50 多万家零售商提供服务，间接服务的消费者超过 4 亿（见表 3-1）。第二，杰克和南讯分别代表了传统企业和新兴企业创业，具有极端性与启发性（Eisenhardt and Graebner，2007）。因此，对杰克和南讯两家公司的创业过程进行深入分析，有助于探析"企业如何构建和利用网络实现创业迭代"这一核心研究问题。

表 3-1　案例企业基本情况

| 企业名称 | 杰克缝纫机股份有限公司 | 厦门南讯股份有限公司 |
|---|---|---|
| 所在行业 | 机械制造 | 软件开发 |
| 成立时间 | 2003 年 | 2010 年 |
| 注册资本 | 44586.852 万元 | 6000 万元 |
| 上市/风投 | 上市公司 | 风投 6000 万元 |
| 企业荣誉 | 制造业单项冠军示范企业、中国工业大奖提名奖、国家技术创新示范企业、国家企业技术中心、国家火炬计划重点高新技术企业、国家知识产权示范企业 | 中国时尚行业信息化"金牌供应商"、阿里云智能新零售 R100 生态合作伙伴、国家高新技术企业、中国大数据·数据应用领域创新企业奖、中国大数据企业 50 强 |
| 行业地位 | 中国第一家打破缝纫机国际品牌垄断的企业，中国缝纫机行业首家民企国际并购成功案例，中国轻工业缝制机械行业第一，全球缝制机械行业前三 | 中国零售电商 CRM 市场占有率第一，"客道精灵"淘宝官方服务平台首款旺旺插件 |

注：杰克缝纫机股份有限公司一开始为 1994 年拥有一定资金积累的阮氏三兄弟创办的一家缝纫机工厂。1995 年 7 月 18 日，杰克缝纫机股份有限公司的前身"台州市飞球缝纫机有限公司"正式挂牌成立。本书的研究时间起点是 1995 年。

### 二、资料来源与数据收集

本书采用开放性访谈、深度访谈和焦点访谈的方式获得一手数据，并以文件、档案记录、直接观察、参与性观察以及二手资料（公开的外部资料）等进行"三角验证"来提高研究的可靠性。自 2017 年起，笔者与两家企业建立了长期合作关系，并进行持续性的跟踪调研。其中，对杰克进行了三次正式调研，分别对杰克的董事会秘书、生产运营部副总经理、研发中心副总经理进行了累计超过 10 个小时的深度访谈；对南讯进行了五次正式调研①，并分别对南讯的运营副总裁、技术副总裁、品牌部经理、人事部经理与一线员工不定期进行焦点访谈。每次访谈结束后，笔者对访谈录音及记录笔记进行及时整理。除了深度访谈、焦点访谈外，笔者还经常与企业高管非正式会面，进行开放性访谈。由此整理出的资料文本字数达 50 余万字。

与此同时，为进一步提高研究的效度，本书还通过以下途径获取资料：第一，实地观察。在对杰克的访谈过程中，我们参观了企业工厂，观看了企业的宣传片、资料片（主要涉及内部 IPD 设计、自动剪裁技术等），收集了企业宣传手册、产品介绍手册等；在对南讯内部人员的访谈过程中，我们参观了企业工作室、展览厅，也收集了企业官方宣传册、产品介绍册以及各类讲解报告等。此外，还与两个公司分管技术与运营副总裁保持长期的私人联系，获取了一些重要的线索。第二，学术论文。我们在中国知网（CNKI）检索了有关杰克和南讯的相关资料及报道，获得有效论文 22 篇。第三，档案文件。我们查阅了两家企业从成立以来的宣传资料、公司内刊和存档资料，并运用 Wind、国泰安等数据库搜索了公司年报、专业机构的研究分析报告、高管讲话和内部新闻等，总计获得报道 30 篇，共 100 余万字。通过多种来源获取的资料，核实这些资料的产生背景及其准确性，以提高资料的有效性与精确度。案例数据来源、数据分类及来源编码如表 3-2 所示。

表 3-2　案例数据来源、数据分类及来源编码

| 数据来源 | 数据分类 | 来源编码 |
| --- | --- | --- |
| 半结构化访谈 | 第一次杰克调研（2018 年 10 月，杰克公司董事会秘书：谢总） | JK01 |
| | 第二次杰克调研（2018 年 10 月，杰克公司生产运营副总经理：张总） | JK02 |

① 研究团队在 2017~2019 年连续为南讯公司客道学院内部团队、大客户进行了两次培训，期间通过培训深入了解了南讯的创业历程，并建立了长期合作伙伴关系。

续表

| 数据来源 | 数据分类 | 来源编码 |
|---|---|---|
| 半结构化访谈 | 第三次杰克调研（2018年11月，杰克公司研发中心副总经理：管总） | JK03 |
| | 第一次南讯调研（2017年8月，南讯公司运营副总裁：王总） | NX01 |
| | 第二次南讯调研（2018年3月，南讯公司运营副总裁：王总） | NX02 |
| | 第三次南讯调研（2018年7月，南讯公司技术副总裁：吕总） | NX03 |
| | 第四次南讯调研（2018年8月，南讯公司品牌部经理：刘总） | NX04 |
| | 第五次南讯调研（2019年1月，南讯公司客道学院负责人：兰总） | NX05 |
| 实地观察 | 通过实地观察获取资料（南讯） | GC01 |
| | 通过实地观察获取资料（杰克） | GC02 |
| 二手资料 | 通过公司官网获取资料 | GW |
| | 通过文献、文库、报纸获取资料 | WD |
| | 通过年报获取资料 | NB |
| | 通过公司公告、内部记录、高层讲话等获取资料 | GG |

### 三、资料分析及数据编码

#### 1. 分析基本单元

本书以创业事件作为嵌入式案例分析基本单元，原因在于：第一，创业网络构建和利用所表征的现象就是创业事件，其过程就是企业通过创业事件与不同关联企业合作并建立联结关系，因此创业事件是适宜分析创业过程的基本单元。第二，创业事件中企业间合作方式不同所映射的联结关系也不尽相同，有助于建构在何种联结关系下，创业企业需要相应建立什么样的创业学习模式以实现知识转化，从而实现创业的理论解释。

#### 2. 数据编码

与典型的归纳式案例研究一样，我们分析数据是通过综合访谈数据和二手资料初步构建每一个案例。我们首先将不同来源的访谈数据和二手资料进行对比，并通过企业内部人员的确认来对不可靠数据进行剔除，形成可靠的原始数据文本。其次，我们将所有数据按照时序模式进行整合，形成基础数据库，在完成基础数据库建立之后，开始对数据进行编码。在初始编码、轴心编码与概念范畴化的基础上，我们发现两家企业的创业过程，主要采用了持续更新、组织更新、战略更新和领域更新四种创业行为（Covin and Miles，1999）。其中，持续更新表示企业周期性开发新产品或新服务的创业行为；组织更新表示企业进行组织层面变革、模式升级等创业行为；战略更新表示企业商业模式变更、流程重塑和并购等创业行为；领域更新表示企业不仅集中于现有领域而且创造出新的产品市场的创业行为。同时，为保证构念的内在效度，我们确定了明确的分工计划，即先由三位研究人员进行独立的编码工作，再由他们就分歧进行讨论，最终形成编码结果。

（1）初始编码。逐字逐句地浏览基础数据并进行分析，然后形成原生代码。在此过程中建构出与公司创业相关的类别，并进行编码（杰克共产生 85 个、南讯共产生 53 个与研究主题相关的编码，真实编码范例见图 3-1）。

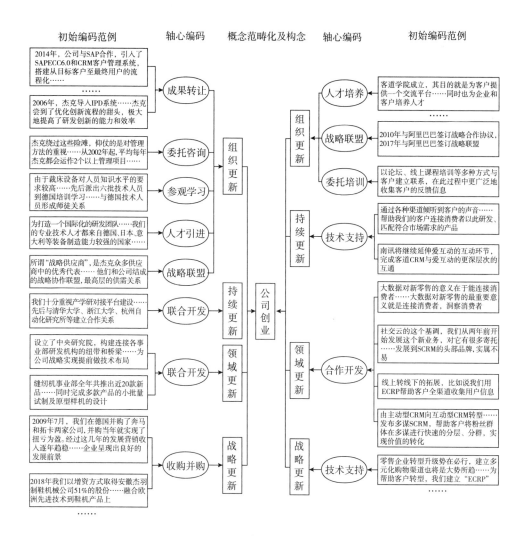

**图 3-1　概念形成编码示意图**

（2）轴心编码。将初始编码进行重新分类、综合和排列（Creswell，1998），在这个过程中我们将多项同义概念进行合并（下方以杰克为例，南讯也采用同样的步骤），如将"基础性创新研究""先进技术知识库"等归纳为产品创新；将"杰克'诺贝尔奖'""三级五星制""冠名奖"等概括为管理体系创新；将"并购整合""文化整合""海外并购小组"等解释为全资并购，将"收购95%的注册股份""收购30%的股份"整合为股权收购。将85个开放式编码中产生的真实类别，依据其性质属性，归纳成21个"公司创业"的主要类别（南讯公司归纳成12个主要类别）（见表3-3）。

表3-3　杰克创业事件的轴心编码

| 编号 | 群组类别 | 编号 | 群组类别 | 编号 | 群组类别 |
|------|---------|------|---------|------|---------|
| 1 | J. 生产体系创新 | 8 | J. 参观学习 | 15 | J. 联合开发 |
| 2 | J. 管理体系创新 | 9 | J. 委托培训 | 16 | J. 委托开发 |
| 3 | J. 财务体系创新 | 10 | J. 工艺流程创新 | 17 | J. 技术转让 |
| 4 | J. 营销体系创新 | 11 | J. 产品创新 | 18 | J. 技术顾问 |
| 5 | J. 技术体系创新 | 12 | J. 技术创新 | 19 | J. 战略联盟 |
| 6 | J. 人才培养 | 13 | J. 新业务投资 | 20 | J. 股权收购 |
| 7 | J. 人才引进 | 14 | J. 合资生产 | 21 | J. 全资并购 |

（3）概念范畴化。根据创业主要形式，将21个主要轴心编码再次进行合并，分别将杰克归属为7个群组类别，南讯归属为5个群组类别（见表3-4），并进行二次概念范畴化，形成4个主范畴：持续更新、组织更新、战略更新和领域更新。

表3-4　杰克和南讯创业事件主要类别

| 杰克 | | 南讯 | |
|------|------|------|------|
| 编号 | 群组类别 | 编号 | 群组类别 |
| 1 | J. 成果转让 | 1 | N. 技术支持 |
| 2 | J. 委托咨询 | 2 | N. 委托培训 |
| 3 | J. 参观学习 | 3 | N. 人才培养 |
| 4 | J. 人才引进 | 4 | N. 战略联盟 |
| 5 | J. 收购并购 | 5 | N. 合作开发 |

续表

| 杰克 | | 南讯 | |
|---|---|---|---|
| 编号 | 群组类别 | 编号 | 群组类别 |
| 6 | J.战略联盟 | — | — |
| 7 | J.联合研发 | — | — |

　　以上资料及数据分析显示，杰克和南讯创业成功并不是一蹴而就的，而是通过一系列创业事件"努力"实现的。事实表明，无论是传统企业还是新兴企业，在创业过程中都会进行持续更新、组织更新、战略更新和领域更新，也都在寻求这四个层面的突破，因此通过创业事件内容分析得出的公司创业路径并不是杰克和南讯所独有的。但这两家不同领域的企业为什么能获得成功？笔者梳理两家公司创业事件时发现，传统企业代表杰克成功的主要原因是通过收购并购突破关键核心技术"卡脖子"，而新兴企业代表南讯则是借助大平台实现交互式创业迭代，具有一定的典型性。但两家企业究竟是怎么成功的？其内在的机制是什么？这显然与基于四个主范畴的创业迭代密切相关。然而，要解释上述两个问题，仅仅根据上述内容进行分析很难得到有用的线索。因此，有必要沿着这些创业事件发生的过程去探究其内在发生机制来揭示不同类型企业创业成功的真正潜在机理。下文将在创业迭代驱动视角下引入创业网络、创业学习研究，以期能打开这一"黑箱"，从而为传统企业和新兴企业创业提供有益借鉴。

# 第二节　案例分析

## 一、传统企业案例：杰克创业迭代过程分析

1. 创业初期（2000~2008 年）

　　该阶段以传统缝纫机行业为主营业务的杰克主要以管理创新来降低生产成本，通过"借助外力"提高产品质量从而提升企业竞争力。从 2000 年开始，为改变原有的"粗放式"生产管理模式，杰克以"狠抓内功"为突破口，先后通过成果转让、委托咨询、参观学习等合作模式作为网络构建的联结方式，优化和调整了原有以内部更新为主要形式的公司创业（行为）。这一时期，有 17 家企业

及研究机构与杰克建立了联结关系，不仅推动了组织更新方面的创业迭代，还形成了广泛的外部创业网络。此外，杰克进行了以管理创新为核心的创业迭代，通过引进人才改变了公司治理结构，推动了组织内部更新，转变了企业组织管理结构，实现了企业变革，最终促进了从"营销驱动"转向"研发驱动"的组织管理体系变革。

2. 创业发展期（2009~2015 年）

"突破智能裁床（缝前）技术"是这一阶段杰克公司发展的主旋律，"借助外力"实现关键技术引进、消化、吸收是杰克这一时期创业的主要方式。杰克公司生产运营副总经理曾说："我们企业（包括国内所有行业内企业）核心技术把控能力弱，自己研究又难，而德国裁床已经研究了 85 年，通过收购和并购来获得核心技术是一条捷径。"因此，在这一时期，为突破在智能裁床（缝前）中关键技术"高端自动化裁剪"方面的"卡脖子"问题，杰克瞄准国内外相关联公司，以引进关键技术为目的，不断优化和调整收购并购标的，实现了战略更新方面的创业迭代。与此同时，为实现关键技术的消化、吸收，杰克以开辟德国产品的中国化为切入点，不仅不断推进与德国拓卡、德国奔马公司在联合开发、合资生产等领域更新方面的创业迭代，还展开了技术顾问、委托培训等组织更新方面的创业迭代。此外，为实现关键技术转化，杰克与高校和研究机构开展委托开发、成果转让等持续更新、领域更新方面的创业迭代，完善了以吸收和消化新技术为主的创业迭代，最终在高端制造中突破了"卡脖子"问题，并打破了国内高档缝纫机主要依赖进口的局面。

3. 创业成熟期（2016~2019 年）

该阶段以拓展智能缝纫机（缝中）技术关联领域是杰克发展的主要方向，复制上一阶段"借助外力"模式，实现关键技术快速突破是杰克这一时期创业的主要方式。杰克研发中心副总经理认为："聚焦、专注产业链上下端进行挖掘是杰克成功的重要原因。"这一时期，为实现在衬衫、牛仔服装等领域的缝中技术突破，杰克通过连续收购并购四家意大利公司，不断在战略更新方面进行创业迭代，最终成功引进了该领域的关键技术。继而，杰克通过布局以中央研究院为载体，开展以联合研发等领域更新方面的创业迭代，以加快完善在核心技术吸收和转化方面的创业。值得一提的是，杰克不仅在缝中技术方面实现突破，还通过自建的中央研究院与华为公司、关联子公司持续合作和迭代，在智能熨烫（缝后）技术方面进行了突破。

杰克三个阶段的创业迭代过程分析如图 3-2 所示。

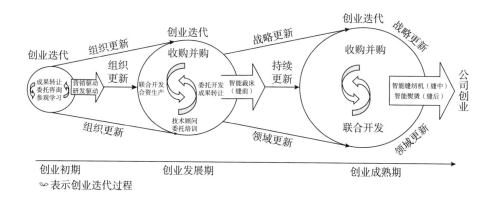

**图 3-2　杰克创业迭代过程分析**

注：杰克用 4500 万元人民币，以非承债式并购方式，并购了这两家公司的品牌、技术、有效存货等，但不涉及债务及员工处置方式。在收购风险控制方面，杰克以 45.3 万欧元的注册资金先参股拓卡公司（一家为服装、皮革和混合材料提供弯折切割特殊解决方案的服务商），再以债权人的方式注资拓卡公司来收购奔马公司，规避了股权并购可能带来的系列风险。

杰克创业大事件如表 3-5 所示。

**表 3-5　杰克创业大事件**

| 创业时间 | | 创业事件 | 创业行为类型 | 构建网络 | | |
|---|---|---|---|---|---|---|
| | | | | 联结企业 | 联结方式 | 联结关系 |
| 创业初期 | 2000 年 | 购买 K3 系统，实现财务核算电算化 | 组织更新 | 金蝶国际软件集团有限公司 | 成果转让 | 弱关系 |
| | 2001 年 | 购买 CAD、CAM、CAPP、PDM 等计算机软件，实现了产品的三维开发 | | 北京大恒创新技术有限公司 | | |
| | 2002～2003 年 | 建立 KPI 绩效管理体系，在业内率先使用 OA 网上办公系统、制造集成系统 CIMS，率先实行 6S 管理，有效降低了企业的管理成本，提高了内部管理效率 | | 北京盛高企业管理咨询有限公司 | 委托咨询 | |

续表

| 创业时间 | | 创业事件 | 创业行为类型 | 构建网络 | | |
|---|---|---|---|---|---|---|
| | | | | 联结企业 | 联结方式 | 联结关系 |
| 创业初期 | 2004～2005年 | 成为台州首家引入 ERP 项目的企业 | 组织更新 | SAP | 成果转让 | 弱关系 |
| | | 组织46名高管前往大连参观学习先进企业的精细化管理，开始在企业内部推广深化精益生产模式 | | 大连三洋制冷有限公司 | 参观学习 | |
| | | 实施了 HER 项目，导入了平衡计分卡 | | 新加坡科里咨询集团 | 委托咨询 | |
| | | 引入德国 SAPERP 系统，为精益生产的推广奠定了基础 | | 北京高维信诚资讯有限公司 | | |
| | | 精益生产第一条样板线757组正式成立并投入生产，开始全面实施精益生产管理 | | 浙江瑞铃企业管理股份有限公司、爱波瑞集团 | | |
| | 2006～2008年 | 引入人才赵新庆（现为杰克公司董事长），并为企业带来了10余人的研发团队，组建内部研发小组和项目团队 | | — | — | |
| | | 引入六西格玛管理体系 | | 深圳贝思德科技有限公司 | 委托咨询 | |
| | | 导入 IPD 集成产品开发体系，极大地提高了研发创新的能力和效率，提高了产品质量，降低了产品成本 | | 深圳市汉捷研发管理咨询有限公司 | 委托咨询 | |
| 创业发展期 | 2009年 | 先后收购两家德国公司，借助两家公司的高端自动化技术，加快高端自动化缝纫机的研发，并和前道裁床相连接，加速杰克成为服装、汽车、航空等行业提供成套方案的服务商和供应商。依靠两家公司原有的关系网络，带动杰克公司进入高附加值产业 | 战略更新 | 德国拓卡、德国奔马 | 收购并购 | 强关系 |
| | 2010年 | 2010年成立台州拓卡奔马机电科技有限公司，协同德国企业开辟世界自动裁床新格局，在现有的产品体系中增加为客户量身定制的新产品 | 领域更新 | 德国拓卡、德国奔马 | 联合研发 | 强关系 |

续表

| 创业时间 | | 创业事件 | 创业行为类型 | 构建网络 | | |
|---|---|---|---|---|---|---|
| | | | | 联结企业 | 联结方式 | 联结关系 |
| 创业发展期 | 2011 年 | 完成本土为缝制设备配套的本土机电企业股权收购 | 战略更新 | 浙江众邦机电科技有限公司 | 收购并购 | 强关系 |
| | 2012 年 | 与多所高校及研究机构建立合作关系，针对行业关键技术进行研发，攻克技术难关 | 持续更新、领域更新 | 清华大学、浙江大学、杭州自动化技术研究所等 | 委托开发、成果转让 | 弱关系 |
| | 2013 年 | 联合外部咨询机构成立精益培训道场，为此杰克投入了大量的人力、物力和财力培养精益管理人才 | 组织更新 | 相关国际咨询机构 | 委托培训 | 弱关系 |
| | 2014 年 | 在西安设立裁床研究所，与德国奔马共同开展新一代裁床和铺布机的研发工作 | 领域更新 | 德国奔马 | 联合研发、合资生产 | 强关系 |
| | 2015 年 | 先后派出 6 批技术人员到德国企业培训学习，请德国技术人员到国内进行技术指导，培养专业的研发人才，这些人才是杰克实现技术突破的关键 | 组织更新 | 德国奔马 | 技术顾问 | 弱关系 |
| 创业成熟期 | 2016~2017 年 | 对意大利衬衫智造企业 MAICA（迈卡）公司进行了全资收购，公司开始研发自动缝制设备，主要用于衬衫领域的自动缝纫，开辟了新的业务领域，实现缝制设备制造商向智能制造成套解决方案服务商转型 | 战略更新 | 意大利迈卡 | 收购并购 | 强关系 |
| | | 杰克先后在德国梅尔斯泰腾，中国台州、临海、杭州、西安、武汉、意大利米兰等地设立研发基地。通过多地联合协同研发，651 名研发人员分工协作，实现了既有对基础技术和前沿技术的研究，以及对缝制机械设备核心技术的专项攻关 | 持续更新、领域更新 | 德国、意大利企业 | 联合研发 | |

续表

| 创业时间 | | 创业事件 | 创业行为类型 | 构建网络 | | |
|---|---|---|---|---|---|---|
| | | | | 联结企业 | 联结方式 | 联结关系 |
| 创业成熟期 | 2018年 | 以2280万欧元收购意大利三家服装自动化企业，具体为：Finver S. p. A 的全部股份、VI. BE. MAC. S. p. A 30%的股份，以及 VINCO S. r. l 95%的注册股份（注：其中收购 VBM 进入了生产牛仔服装自动化设备领域） | 战略更新 | Finver S. p. A、VI. BE. MAC. S. p. A、VINCO S. r. l | 收购并购 | 强关系 |
| | 2019年 | 成立中央研究院，大力度探索前沿技术，为公司战略实现提前进行技术布局 | | 高校、研究机构、关联企业 | 联合研发 | |
| | | 打造的数字底座实现数字化转型，于2019年4月率先发布物联网缝纫机，缝纫机从"会说话"成长到"会思考"阶段，助力行业数字化转型 | 领域更新 | 华为投资控股有限公司 | 投资控股有限联合研发 | |
| | | 杰克中央研究院与杰羽、衣科达、亚河机械之间实现前沿技术共享、技术交流 | | 安徽杰羽制鞋机械科技有限公司、浙江衣科达智能科技有限公司、浙江亚河机械科技有限公司 | 联合研发 | |

资料来源：笔者整理。

## 二、新兴企业案例：南讯创业迭代过程分析

### 1. 创业初期（2010年）

该阶段以做淘宝旺旺插件起家的南讯主要通过阿里巴巴平台积累了大量客户资源，通过"借船出海"开辟了新领域，实现创业成功。"客道精灵"① 是南讯创业初期的主打产品，通过这款外包产品的开发，南讯借助阿里巴巴平台的关系网络，与大量平台商家建立了信任合作关系。正如南讯副总裁方敏所言："旺旺团队与南讯团队共同定制'客道精灵'，它可以单窗口解决淘宝后台所有订单处

① "客道精灵"是淘宝官方服务平台客服插件，主要是通过半自动化辅助工作，使客服效率提升，降低客服响应时间，提升客服服务质量。

理，彻底改变了客服的工作方式，因此受到很多商家的青睐。"由于将产品植入阿里巴巴平台，越来越多的零售业商家使用南讯的产品，让南讯有机会接触到多样化信息和新的知识，推动了在产品持续创新方面的创业迭代，在提高自身创新能力的同时构建了基于淘宝平台的创业网络。

2. 创业发展期（2011~2013 年）

在与淘宝零售平台商家进行持续的服务中，南讯"客道精灵"产品也实现了迭代升级，而这种技术创业迭代带来的另一个效果是帮助南讯不断深入了解客户需求。2011 年，在意识到零售行业客户关系管理数据分析是未来行业需求点的情形下，南讯开始调整原来做淘宝旺旺插件的创业，尝试进入以数据管理与分析为重点的客户关系管理软件（CRM 软件）开发，展开了在领域更新方面的技术创业迭代。不同于常规性 CRM 软件开发商，南讯突破了传统软件开发逻辑，即"前端（制造）—终端（客户）"的直线型模式，建立了以客户数据分析为基础的零售行业 CRM 软件，精准地将零售行业"需求"和"价值"连接起来，实现了"从需求中来，到需求中去"的"端对端"闭环，形成"交互式创业迭代"，并陆续推出了 CRM1.0~3.0，推进了在产品持续更新方面的创业迭代。正如南讯副总裁王詠所言："南讯在与客户的交互中，不断完善自身的产品，根据反馈判断进行优化，使客户需求得到满足，客户价值得以实现。"同时，为帮助商家更好地使用 CRM 软件，更快地响应商家在使用中产生的新需求，南讯成立了客道学院，通过上门培训、定期知识分享等途径与商家建立了更为紧密的互动关系，助推了组织更新方面的创业迭代。在该阶段，通过不断优化、调整和完善原有的"客道精灵"产品，帮助南讯突破了产品开发的局限性，是进入 CRM 领域的关键，同时，通过阿里巴巴平台，南讯构建了服务零售行业的创业网络。

3. 创业成熟期（2014~2019 年）

2014 年，南讯拿到了达晨创投的 6000 万元 A 轮股权融资后，开始考虑从软件服务商向数据运营商进行战略转型。但数据运营体系开发需要大量新知识应用，其中涉及隐性的、编码化程度低的、系统嵌套的复杂知识（蔡宁、潘松挺，2008）。南讯为解决这一转型痛点，以联合开发、技术支持等方式与众多商家建立稳定合作，在与商家互动、交流、反馈的过程中快速解构了这些非编码的隐性知识。例如，为解决"如何留住现有客户、挖掘潜在的客户群体"等平台商家的共性问题，南讯通过组织内部研讨、客户论坛、线上培训等多种方式不断收集商家反馈的关键信息，帮助商家建立客户画像，精准匹配客户需求，提高客户转化率。在产品开发方面，通过在持续更新方面技术迭代，不断优化和完善 CRM 软件产品，在一年内陆续开发出 CRM4.0~9.0 和爱互动 2.0，实现了主动型 CRM 向互动型 CRM 的转化。正如南讯首席执行（CEO）陈碧勇所言："通过各种渠道倾听到客户的声音，帮助我们的客户连接消费者，多维度、多层次地了解市场动态，并以此研发、匹配符合市场需求的产品，做出快速的响应。"2017 年，南讯再次与阿里巴巴签订合作协议，推出商家运营平台定制版，通过阿里的用户运营平台的数据引擎，整理出大量的消费者标签，根据消费者个性化需求帮助商家解决全链路消费者运营的问题。通过这一合作契机，南讯调整了原有创业方向，迅速实现了领域更新方面的创业迭代，从软件服务商向数据运营商成功转型。此后，南讯与服装鞋饰、药品保健在内的八大行业合作伙伴共计 50 多万家商家群体建立了联盟合作关系，开展了定向式联合开发等多种方式，并根据商家需求不断改进产品和服务，快速迭代出 ECRP1.0~3.0 和 SCRM1.0~5.0 等新产品，实现了企业全景大数据建设、全渠道客户资源管理等新产品开发。南讯 CEO 陈碧勇这样描述这次创业过程："2018 年南讯的研发投入资金占总营收的 12.02%，不仅在研发上投入巨大，在帮助商家赋能上，南讯更是通过提供论坛、沙龙、线上课程等多种工具帮助企业实现数字化转型。"

南讯三个阶段的创业迭代过程分析如图 3-3 所示。

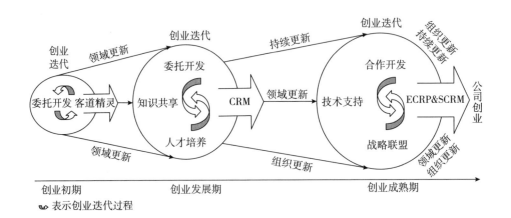

图 3-3 南讯创业迭代过程分析

南讯创业大事件如表 3-6 所示。

表 3-6　南讯创业大事件

| 创业时间 | | 创业事件 | 创业行为类型 | 构建网络 | | |
|---|---|---|---|---|---|---|
| | | | | 联结企业 | 联结方式 | 联结关系 |
| 创业初期 | 2010 年 | 与阿里巴巴淘宝旺旺团队合作，以委托外包开发为主要形式，研发了"客道精灵"插件，有效提高了电商客服效率 | 领域更新 | 阿里巴巴 | 委托开发 | 弱关系① |
| 创业发展期 | 2011~2013 年 | 持续开发"客道精灵"升级版 | 持续更新 | 阿里巴巴 | 委托开发 | 弱关系 |
| | 2011~2013 年 | 根据淘宝合作商家需求，开始研发"客道 CRM"，迅速更新推出 CRM1.0~3.0。南讯开始与更多商家谋求更为广泛的合作 | 领域更新 | 淘宝商家 | 委托开发 | 弱关系 |
| | 2013 年 | 成立客道学院，为商家提供一个知识分享和企业人才培养的平台 | 组织更新 | 淘宝商家 | 知识共享人才培养 | 强关系 |
| 创业成熟期 | 2014~2015 年 | 基于与平台商家合作开发，持续开发了 CRM3.0~9.0 系列产品 | 持续更新 | 淘宝商家 | 合作开发 | 强关系 |
| | 2016~2017 年 | 发布多谋 SCRM，帮助平台商家将粉丝群体在多谋进行快速的分层、分群，实现价值的转化 | 持续更新 | 淘宝商家 | 合作开发 | |
| | | 客道学院通过论坛、上门培训、线上课程培训等多种方式与商家建立联系 | 组织更新 | 淘宝商家 | 技术支持 | |
| | 2017 年 | 与阿里巴巴签订战略联盟，开发商家运营平台定制版，帮助商家提高客户转化率 | 组织更新领域更新 | 阿里巴巴 | 战略联盟 | |
| | 2018~2019 年 | 线上转向线下业务拓展，如发布 ECRP3.0 帮助商家进行全渠道客户管理，为商家更加便捷和高效地节约成本，提升效率 | 持续更新 | 淘宝商家 | 合作开发 | |

　　①　研究团队认为，阿里巴巴集团对南讯早期创业非常重要，但是其合作形式主要围绕外包软件开发展开，同时阿里巴巴集团在南讯早期创业过程中与其没有任何创业投资关系。借用南讯副总裁王咏的话："南讯一直以来都是没有被标签化的企业，我们想走自己的路。"因此，我们认为在创业初期南讯与阿里巴巴集团的合作关系是典型的弱关系。

# 第三节　案例发现

两个典型案例的创业过程分别代表了传统企业和新兴企业成功创业路径，两者分别呈现出不同的阶段性演化特征。

**一、杰克创业网络阶段性演化：突破关键核心技术"卡脖子"**

面对传统业务的低迷，杰克通过创业不断寻找新机会，培育新能力，并呈现出创业阶段性特征，这为突破关键核心技术"卡脖子"提供了基础。

1. 创业初期

为实现"营销驱动"转向"研发驱动"组织变革，杰克率先从内部创新着手，通过聘请外部力量重点在内控管理、成本管理、生产管理、产品开发等方面进行转型。这种利用成果转让、委托咨询等进行的创业迭代，构建了非关系紧密性合作的弱关系网络（见图3-4），能有效降低新产品开发的成本和时间，拓展创业网络的多样性，进而促进企业探索式学习，也为杰克后续创业提供了技术积累和资金沉淀。

2. 创业发展期

为解决高端人才短缺和关键技术"卡脖子"问题，杰克尝试用外部更新的方式实现创业迭代，先以并购产业链下游核心企业"捕获"行业关键技术作为突破口，后以母国市场优势为切入点，为实现技术在国内的应用，建立利益共同体（如在股权并购德国拓卡和奔马后，迅速在国内成立台州拓卡奔马机电科技有限公司生产大批量、标准化的产品），这种利用联合开发等关系紧密性合作方式［强关系网络，见图3-5（a）］，能有效解决企业间信任问题，促进了不同主体间的利用式学习模式，最终实现了自动裁床国产化。另外，为在吸收新知识的基础上进一步实现技术迭代升级，杰克与国内知名高校及研究机构合作，利用委托开发、成果转让合作方式［弱关系网络，见图3-5（b）］，促进了在缝纫线迹原理、精密机构设计、缝纫机动态建模等基础理论研究和应用技术开发方面的探索式学习，加快了产品的产业化进程。杰克通过"干中学"培养了技术骨干，掌握和吸收了自动化裁剪技术中的复杂知识。

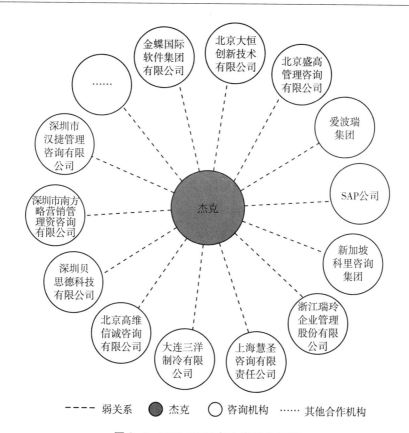

**图 3-4 2000~2008 年杰克创业网络**

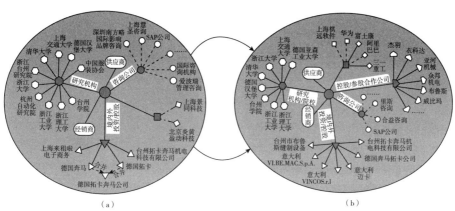

**图 3-5 2009~2015 年杰克创业网络**

资料来源：笔者整理。

3. 创业成熟期

在建立行业技术优势后，杰克加快产业链布局，连续收购并购数家行业内关键企业①，锁定了企业间合作关系，形成了完善的研发团队（杰克目前拥有 10 个国内外研发基地，600 多名技术人员），从而建立和加强了合作企业、经销商、客户的信任。利用这种强关系网络实现频繁的合作交流［见图 3-5（b）］、学习及开发等利用式学习模式，杰克逐步推进了牛仔和衬衫全自动贴袋机、袋口卷边机、裤腰机等产品的国产化开发工作，彻底掌握了行业关键技术，突破了关键核心技术"卡脖子"问题。

值得注意的是，无论是在 2006 年杰克创始人阮积祥引入赵新庆（现为杰克董事长）及其 10 余人的研发团队，还是 2013 年成立精益培训道场并先后派 6 批技术人员到德国企业培训学习等，这些措施既培养了大量行业内领军人才，也是杰克能够成功消化和吸收核心技术的关键。

**二、南讯创业网络阶段性演化：实现交互式创业迭代**

在新经济环境下，创业风险高、市场动态性大是新创企业面临的主要困境，南讯创业成功的关键是通过构建和利用不同阶段网络，实现交互式创业迭代。

1. 创业初期

为解决公司创业初期所面临的产品孵化成本高、技术不确定性强的共性问题，南讯创始人陈碧勇抓住淘宝旺旺软件客服效率低的痛点，先以技术外包的形式与阿里巴巴进行合作，成功开发了"客道精灵"。南讯利用与淘宝旺旺技术团队的弱关系合作网络（见图 3-6），有效降低了技术研发的不确定性，并进行了探索式学习，在不断升级"客道精灵"的同时，也帮助南讯创业团队在初期接触了阿里巴巴平台上不同群体（商家）多样化的信息，迅速累积了自己的客户群体。同时，南讯以产品服务为切入点，在与零售业商户建立初步信任关系后，吸收了新观点、新视角，扩大了企业创业边界，有利于南讯知识创造活动的实现。

---

① 正如杰克副总裁所言："公司通过一系列的海外并购，已经在德国颇具影响力，很多德国企业开始主动找我们洽谈。"

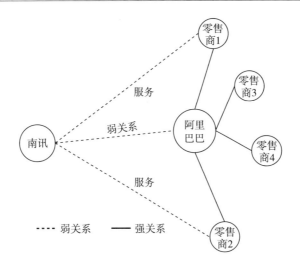

图 3-6　2010 年南讯创业网络

2. 创业发展期

借助阿里巴巴平台，南讯在零售行业内迅速提升了影响力，获得了大量平台商户的异质性信息后，以服务为纽带建立了"跨边界组织"的互动关系，利用这种弱关系网络［以产品服务为主的客户关系，见图 3-7（a）］，降低了南讯在市场开发方面的获客成本，提高了知识创造的机会和能力，实现了从插件开发向软件开发的探索式学习。同时，南讯成立客道学院，以知识分享和人才培养为切入口，主动与商家建立互动式合作网络，利用这种强关系网络强化了隐性知识的交互和情感沉淀，实现了行之有效的互动利用式学习（2011 年南讯就快速完成了 CRM 软件开发），促进了南讯在领域更新方面的创业迭代，这与精益创业理念（刘志阳等，2019）（在动态环境中可通过开发最小可执行产品—客户反馈—快速迭代的循环过程不断对产品进行优化）不谋而合，南讯也实现了从外包服务商向软件开发商的创业转型。

3. 创业成熟期

南讯通过 CRM 软件开发服务与平台商家建立了更为深入的互动信任强关系（如定向服务、专员培训、主题论坛等），利用这种高频次合作交流的强关系网络［见图 3-7（a）］，实现了利用式学习，加快了产品开发周期，从而节约了市场开发投入成本，降低了市场推广的不确定性。值得注意的是，在上述过程中，南讯创导了"交互式创业迭代"开发模式，不仅与平台商户建立了能力信任和商誉信任，还进一步降低了技术不确定性，实现了从量变到质变。2017 年后，南讯从软件开发商向数据运营商的转型就是从被动开发产品到主导引导客户需求的一种创业实践。

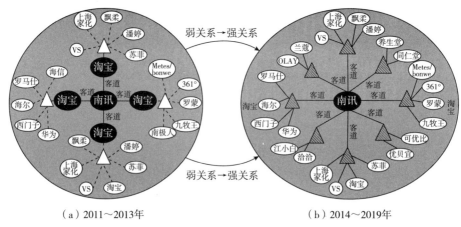

图 3-7　2011~2019 年南讯创业网络

由此，本章提出命题 1：在传统/新兴企业创业过程中，创业网络的关系强度（由弱到强）及创业学习模式（由探索式学习向利用式学习转变）的阶段性演化，是企业实现创业迭代并取得创业成功的关键。其中，收购并购是突破传统企业中关键核心技术"卡脖子"问题的有效途径之一，借助大平台实现交互式创业迭代是新兴企业创业成功的"秘诀"。

# 第四节　进一步讨论

## 一、理论框架的延展：创业网络与创业学习的正反馈机制提出

通过对两个典型案例进行分析，发现创业网络与创业学习，即构建和利用网络是公司创业成功的重要影响因素，创业网络演化会改变创业学习行为，反之创业学习行为的改变也会对创业网络产生影响，这反映了公司创业活动的规律性。同时，创业迭代也是能有效促进网络成员间互动学习、交易重谈（Jack and Mouzas，2007），改变网络现状实现创业成功的关键。

在杰克的案例中，创业迭代有效促进了创业网络和创业学习的正反馈机制的形成。在杰克创业初期，探索式学习对公司创业的影响最为明显，这在上文的创业事件中均有论述。需要指出的是，此时，创业迭代效应的发生是以弱关系合作为基础，这帮助杰克形成了广泛、多样性的创业网络，提供了市场和技术信息，降低了公司创业成本，推动了探索式学习；反之，通过不断的探索式学习，改变了公司组织管理体系，重构了创业网络。在创业发展期和成熟期，创业网络与创业学习对公司创业的正反馈作用更为明显。一方面，杰克通过布局强关系合作网络为关键技术消化、知识吸收提供了组织保障，提高了企业利用式学习效果；布局弱关系合作网络加快了技术升级，提升了企业产业化能力，提升了全面知识化和多样化的能力，助推了企业探索式学习实现创业。另一方面，通过利用学习成果以及快速合资成立国内技术转化公司、研究机构、研究基地，进一步拓宽了杰克的创业网络，强化了技术吸收和转化效率，创业网络与创业学习的正反馈机制为实现公司创业提供了机制保障（见图3-8）。

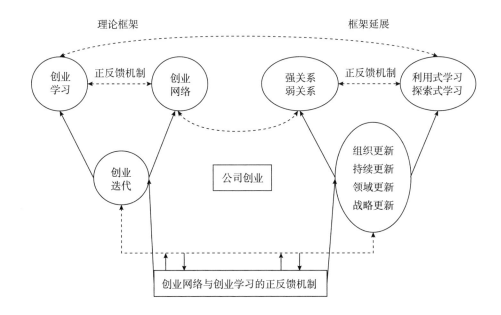

**图 3-8　理论框架的延展**

在南讯的案例中，通过创业迭代促进创业网络与创业学习实现正反馈的创业过程同样存在。在南讯早期创业事件中，基于弱关系与阿里巴巴建立合作的创业迭代起到了主要影响作用，这种弱关系网络下的探索式学习帮助南讯积累了技术经验，储备了知识，开拓了网络，识别了创业机会。在创业发展期，南讯与平台零售行业商家建立的反馈沟通、联合解决问题的机制至关重要，其既实现了弱关系网络下的探索式学习，推进了原有产品的迭代升级，帮助南讯进入新的技术和产品领域，也实现了强关系网络下的利用式学习，有效促进了知识共享及知识重组，帮助南讯提升了信息利用能力及迭代创业能力。而在创业成熟期，随着与商户高密度合作，通过利用式学习实现知识挖掘、知识创造、边界拓展的创业迭代变得越来越重要，利用式学习有效促进了南讯与零售业商户的交易重谈和行为互动，进一步重构了创业网络，实现了创业（见图3-8）。

由此，本章提出命题2：传统/新兴企业创业过程中，创业迭代能够有效促进创业网络和创业学习形成正反馈机制，而这一正反馈机制也是实现创业迭代成功的关键。

**二、创业迭代驱动创业网络与创业学习的分阶段关系演化**

两个典型案例的创业网络演化，分别代表了传统和新兴两个不同体系的企业创业过程，事实上这一过程也反映了创业网络与创业学习的分阶段关系演化。创业理论认为，嵌入广泛创业网络中的企业有利于进行学习并促进创业，学习就是企业对网络中资源的利用和撬动过程（云乐鑫等，2017）。而创业网络演化本质上就是知识和资源获取方式的变化（Kock and Galkina，2008），并在很大程度上表现为创业过程中学习方式的改变。从创业逻辑上来讲，创业所带来的变化往往会带动企业技术或管理方面的变革，这些变革是由一系列公司创业（行为）迭代出来的，而这与创业网络和创业学习的分阶段关系演化密切相关。但是，对于处在不同创业起点的企业而言，如何构建自身的外部网络以形成合理的学习模式，需要进一步深入分析（余传鹏等，2020）。

具体来讲，以杰克为代表的传统企业，在创业初期，可以通过构建弱关系网络以低成本和低信息冗余来促进探索式学习，进行创业迭代。而在创业发展期，这类企业既要关注强关系网络构建和利用式学习来解构复杂知识、突破关键技术，也要关注探索式学习以丰富知识学习从而转化关键技术，构建与之相适应的弱关系网络并实现产业化，以此推进创业迭代；在创业成熟期，为加快利用式学习所需的复杂知识和信息的传递，有必要重新注意强关系网络的构建。以南讯为代表的新兴企业在创业初期，可以尝试与大平台企业建立（基于合作的）弱关系网络进行探索式学习，在拓展网络多样性的同时提高了知识创造的能力；在创业发展期，需要开始逐渐以弱关系构建自身的创业网络，借助相关网络实现非冗余接触，以提升企业间探索式学习的可能性，从而帮助创业企业获得更广泛的异质性知识资源，推动产品方面的创业迭代。同时，为加快与产业相关隐性知识的吸收与转化，提升创业迭代速度，企业在这一阶段亦需要采用利用式学习模式，并在此基础上强化与学习对象间的关系网络，实现创业迭代。在创业成熟期，市场客观要求产品方面的创业迭代速度更快，需要企业构建交互更为频繁的利用式学习模式来实现互动式创业迭代，并以此构建强关系网络。

由此，本章提出命题3：探索式学习和利用式学习是创业过程中两种基于网络的学习模式，企业需要依据所处创业阶段和行业特征等因素，合理配置和优化利用式学习和探索式学习所需要的资源，构建合适的创业网络。当企业处于以探索式学习为主的阶段时，可以构建以弱关系为主的创业网络，为探索式学习提供更多样化的知识；当企业处于以利用式学习为主的阶段时，企业可以通过转变合作模式、增加合作频率和时间来改变创业网络，为利用式学习提供有力支撑。

进一步对上述两个案例的演化过程进行解析发现，企业构建和利用网络的重点呈现规律性变化：第一阶段，两个企业都是通过构建创业网络来获取独特的信息和知识，通过探索式学习驱动外部网络，从而为不断进行创业迭代创造条件，此时，创业网络的构建（状况）起主导作用。第二阶段，创业学习的重要性开始显现，两个企业的创业过程都是通过一边学习一边构建合适的合作关系并形成特定网络，从而进一步推进了创业迭代。第三阶段，随着合作的深入，公司创业网络逐渐稳定，以降低成本、工艺改进、知识迭代创新为主的创业学习在创业过程中的作用越来越重要，企业基于利用式学习形成的网络进行创业迭代，成为最终实现创业成功的因素（见图3-9）。

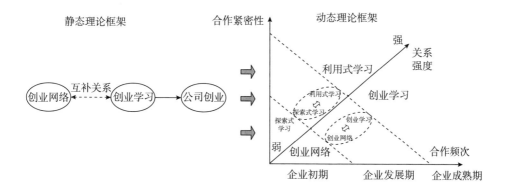

图3-9　创业网络与创业学习的静态与动态分析框架

由此，本章提出命题4：创业网络与创业学习的分阶段主导关系交替演化，是推进创业迭代的必要前提。具体而言，第一阶段应以构建创业关系网络促进创业学习为主导；第二阶段应同时关注创业关系网络构建和创业学习引导；第三阶段应重点围绕促进知识创造型学习行为并强化与之匹配的创业关系网络。

# 第五节　小结

本书选取杰克和南讯两个制造业企业作为案例，通过分析其创业迭代的过程，揭示了其创业网络构建和利用的过程，以及通过创业学习实现创业网络阶段性演化的特征。事实上，通过进一步分析，可以发现两个企业已经转型成平台企业，具有平台企业的显著特征（见表3-7）。

表3-7　杰克和南讯制造业平台企业特征

| 特征 | 杰克 | 南讯 |
|---|---|---|
| 双边市场特征 | 构建产业联盟，实现上下游企业交互开发 | 通过不断完善标准化界面实现零售商与顾客间的交互协同 |
| 网络效应特征 | 形成了缝纫机行业内企业的协同效应 | 形成了基于大数据和CRM的平台生态系统 |

# 第四章　构建和利用创业网络实现创业迭代：生产性服务企业转型平台企业的创业过程

随着经济全球化进程的加快和全球经济联系的日益紧密，产业集群作为促进区域经济增长的有效组织形式，已经在中国蓬勃发展。然而，由于土地、劳动力等资源要素成本的上升，导致恶性竞争、市场无序等问题，从而极大地阻碍了产业集群的发展、转型和升级。相关研究已经普遍认识到，通过企业学习促进集群创业，对组织（集群）的演进是有价值的（Miles and Snow，1992）。实证研究表明，企业学习可以降低研发成本和经营风险（Hagedoorn，2002），促进隐性知识和显性知识的转移（Ahuja，2000），并能熟知对创业至关重要的资产（Hagedoorn，1993）。学者们一致认同通过组织间学习获取外部知识和技术的重要性。Oliver 等（2008）、Hervas–Oliver 和 Albors–Garrigos（2008）以全球瓷砖行业为例，从跨国企业（作为集群企业）的视角进行研究，揭示了组织间学习的过程包括通过外部联系获取知识、扩散知识和带来知识，并认为外部联系主要由跨国企业的关联企业来完成，在整个全球价值链的知识交流过程中，跨国企业的关联企业在知识扩散和吸收方面起着基础性作用。Hervas–Oliver 和 Albors–Garrigos（2009）认为吸收能力作为组织间学习的一个重要因素，对组织间内外部资源的互动产生影响，从而赋予企业持续的竞争优势。在中国的产业集群发展中，也出现了许多典型案例。例如，浙江宁波机床产业集群的核心企业——浙江海天建设集团有限公司（以下简称"海天集团"）通过与德国德马格公司等的合作，建立了初步的关系和技术知识交流的机制（探索式学习）。随后，海天集团通过获取先进知识和技术的学习机制（探索式学习），成功地从技术购买升级为研发活动，从而共同解决问题，推出新产品。此后，海天集团进入蓬勃发展阶段，带动了整个宁波机床产业集群的发展。虽然企业在集群内的学习被证明有利于企业创业，但并非所有的学习都能带来成功。Bleeke 和 Ernst（1993）认为，由于组织学习水平的差异（Larsson et al.，1998）和学习能力的不对称，大约 60%的学习联盟有可能失败。因此，确定如何针对集群内的多元化学习机制，建立嵌入式知识网络关系，有效地形成集群网络，已成为一个主要方向。

企业学习导致集群网络不断扩大，其结构的动态变化为集群创业创造了深刻的环境变化。对集群的研究已经超越了以往由地理邻近性所呈现的"工业区"范畴，进入了关系邻近性范畴。Nelson（1994）从关系接近的角度研究了经济增长、技术和制度之间的关系。Balland 等（2013）以电子游戏产业为例，研究了创意产业生命周期内企业间网络联系的形成，并比较了五种形式的接近性（如地理接近性）与企业属性的相似性。Ahrweiler 和 Keane（2013）提出了一个框架，用于模拟大学—产业—政府的关系，以创造新的、技术上可行的、商业上可实现的产品、流程和组织结构（命名为"创新网络"）。这个框架启发我们研究基于自组织的集群网络。Ahrweiler（2010）、Ahrweiler 和 Keane（2013）、Leydesdorff 和 Ahrweiler（2014）采用动态模拟模型，从关系、位置和面来模拟创业网络的演化。Vlasceanu（2014）在对罗马尼亚经济的研究中认为集群创业网络能够使企业合作构建技能、知识和诀窍。Leydesdorff 等（2015）在调查了俄罗斯地区、省和国家层面的企业后发现，区域创新体系有利于降低不确定性，促进三螺旋协同效应（即大学—产业—政府关系）。

在经历了一个实质性的发展时期后，政府突出了科技基础的强化和国内创新能力的提升，并将产业重点放在了战略性新兴产业上（Gebhardt，2013）。以大学—产业—政府关系为发展理念，对这些产业进行精心布局，使产业集群形成从模仿到创新的集群创业体系。中国传统开发区的特点是高投入、低成本扩张，生产效率低，因而，大量地方开发区难以保持足够的大学—产业—政府关系，无法促进集群创业网络的形成，从而阻碍了区域经济增长。

对集群网络动态的研究仅限于确定网络联系的强度及其弱阶段和强阶段是如何发生的。然而，创业网络是如何发展和演变的？演进过程中是否表现出规律性的趋势？企业学习是否随着创业网络的演进而变化，它们之间又是如何相互关联的？显然，演化过程是一个动态的过程，反映了集群创业网络随时间的动态属性，其中创业网络的演化最为关键。因此，本章拟探讨集群创业网络关系的演化趋势是否存在规律，并确定其对企业学习的影响，如果存在，本章旨在结合我国政府实践探索这些规律的应用，从而为促进区域经济发展提供参考。

# 第一节　网络关系强度、企业学习与集群创业
网络的关系机制

本章从探索式学习和利用式学习（March，1991）两个维度考察企业学习。然而，学术界广泛讨论了网络联系的强弱对企业学习的影响（Granovetter，1985；Larson，1992；Hansen，1999），尽管强联系和弱联系对企业学习都有影响，但关系机制的变化会产生不同的结果。

## 一、强关系对企业学习的影响

在讨论强关系对企业技术创新的影响时，很多学者提出，当企业面临不确定因素时，强关系具有很高的价值，因为这种关系为企业进行技术创新提供了可持续的信息流。长期形成的互利关系，增加了双方为技术创新输送更多投入的意愿，形成了共同解决问题的合作模式（Uzzi，1997）。强关系主要在以下两个方面给企业带来好处：第一，强关系促进了高质量信息和隐性知识的转让；第二，通过强关系产生的企业间的信任是社会机制的一部分，有助于避免机会主义。

战术性的、低编码的、嵌套在系统中的信息被称为复杂知识，而显而易见的、高编码的、独立的信息被称为简单知识（Hansen，1999）。企业间转移的知识是复杂的还是简单的，影响着这些企业通过强关系或弱关系获得的收益（Granovetter，1973；Hansen，1999）。通常，涉及核心技术的系统性知识的复杂知识通常不会与企业关系不密切的合作者分享。因此，Granovetter（1973）认为，具有强关系的企业更有动力去交流复杂知识。此外，由于复杂知识的传递和摄取需要大量的背景知识和补充知识，因此，只有联系频繁的企业才能在利用性学习中进行复杂知识的快速获取。要想从利用式学习（即利用和开发现有的知识，完善现有的技术）中获益，就必须有某一领域的知识储备。强有力的纽带使网络成员之间产生密切的关系，从而获取某一领域的复杂知识。相应地，强关系建立了组织信任，当企业愿意提供相关知识时，信息获取和知识应用就会通过利用式学习得到加强。集群组织之间通过知识和信息交流的信息共享机制形成组织记忆，有助于不断学习，成为企业不断创业的动力，从而促进创业网络中强关系的形成。

### 二、弱关系对企业学习的影响

企业在探索式学习中面临着全新的问题，既没有解决方案，也没有推导的知识基础。这就要求探索式学习具有综合能力，以使企业能够获得多元化的观点和综合的信息与知识。弱关系具有成本低、信息冗余度低的优势，为企业提供了获取异质信息的途径，是探索式学习的必要条件。

在成本方面，弱关系在很大程度上降低了转移成本，而强关系则需要大量的维护和转移成本，阻碍了探索式学习（Uzzi，1997）。而且随着联系的加强，建立和维持关系的成本也会增加。因此，弱关系作为关系建立的"桥梁"，可以节省时间和资源，吸收更多的多元化信息。互动频率低的弱关系很少受到网络的限制，更容易独立行动。这种独立性的结果是，在探索和挖掘新知识时，更容易与现有知识分离。企业在知识创新中形成的这种独立性，促进了探索式学习（Hansen，1999）。

探索式学习通过追求新知识或超越旧知识来满足新兴顾客和市场的需求（Levinthal and March，1993）。由于新知识的影响，组织会采用新颖的方法或新旧结合的方法来解决问题（Ahuja，2000），增强研发能力，从而推出新产品和新功能，迎来新的市场（Schildt et al.，2005）。因此，弱关系的网络为企业提高创新能力、开展创新活动带来了机会。因此，网络多样性的增加导致了弱关系的创新网络的形成。

### 三、关系强度与集群创新网络的演化模型

网络关系的强度被认为是一个常量变量（Granovetter，1973），具有削弱或加强的趋势。由于网络关系对企业学习的影响随纽带强度的动态变化而变化，它们之间的关系表现为时间函数，具有明显的协同演化特征。因此，根据关系强度与企业学习之间的协作关系，我们将演化过程分为三部分，每一部分都将不同程度的关系强度与不同的企业学习模式相匹配。

在第一部分中，关系强度较弱，信任度也较低。虽然不利于复杂知识的传授，但这种关系强度有利于企业寻求和获取新知识、新方法，从而形成组织内部的探索性学习。在这一阶段，企业学习模式主要通过成果购买和技术应用来实现。在第二部分中，经过一段时间的合作，关系强度处于中间状态，企业建立信任，并发现复杂知识的转移并不困难，从而形成背景知识的积累。协作研发和技术咨询的适应性增强了利用式和探索式学习的效果。在第三部分中，出现了强关

系连接。长期的接触与合作使企业之间产生了很强的信任，先进的知识被迅速转移和吸收。但是，关系维护资产的大量增加阻碍了新合作关系的建立。因此，在这一阶段，网络有助于利用式学习，而不是探索式学习，战略联盟和联合发展成为合作的形式。

## 第二节　研究设计

### 一、研究目标和方法

集群内焦点企业在经济领域内的研究为集群创业网络演化提供了新的研究视角。Breschi 和 Malerba（2001）认为，集群网络中企业嵌入由成员间的紧密社会互动、信任与非正式关系构成的知识分享网络中时，集群创业才能取得成功。在这个网络体系中，知识作为竞争优势核心的来源可以通过组织间的学习从核心企业扩展到整个集群网络（Spekman et al. , 2002）。这样的企业往往在集群创业网络中的角色和任务是异质和不可互换的（Lorenzon and Lipparini，1999）。焦点企业具有可以共享的商业理念，能够领导伙伴的发展，具备选择和吸引优秀伙伴的能力（Lorenzoni and Baden Fuller，1995）。焦点企业不仅具有市场导向功能（Bain，1968；Harrison，1994；Belussi，1998），还具有传递学习思潮和流行思潮的知识传递功能，并通过这种创新和传递能力激发相关行业小企业的涌现，从而促进技术联盟的形成。因此，本章案例中以焦点企业作为研究对象，以此探究集群创新网络演化的内在机理。

本章主要采用时间序列分析法，为生成案例研究结果打下坚实的基础。同时，我们对收集到的材料进行梳理，其中包括描述管理变化的资料来源（如中国政府在 2008 年发布的"限塑令"），以及受访者对于集群发展不同阶段的重大事件的反应，并与使用理论解释预测的情况进行比较（Yin，2003），从而形成因果推断的基础。

### 二、研究样本及分析单元

浙江省余姚市位于浙东宁绍平原，是全国综合实力百强县（市）前 50 位。经过 30 多年的发展，余姚已经形成了一个以塑料原料交易市场、塑料模具加工业和塑料制品加工业为主体的产业集群，塑料产业已经成为余姚市的经济支柱。余姚塑料产业集群"从无到有""从弱到强"的发展历程具有非常典型的代表意义。1991 年，仅在余姚一条不足 2000 米的"塑料一条街"上，汇聚了近千家涉塑生产企业和 108 家塑料原料经营户，成为当时全国塑料客商会聚地。1994 年，在当地政府主导下，余姚形成的中国塑料城成为全国最大的塑料原料交易市场，并陆续推出了全国首个环保型无卤聚合物型磷酸酯阻燃剂技术，全国首个塑料行业电子商务技术平台等，极大地推动了全国塑料行业的发展。因此，中国塑料城是典型的生产性服务企业。

在案例的选择方面，本章基于理论和现实需要，邀请来自政府、高校、企业的三位专家对案例选取过程进行反复认证。在完成研究个案的总体界定后，对分析单位进行更细致、更明确的界定就显得非常必要（Yin，2003）。①分析单位界定。本章的分析单位是指某一特定的地理区域内服务具有地理接近及关系接近的企业集合。②研究范围。本章分析范围是指集群内由核心企业及其关联企业（通过物质、技术联结的企业）所构成的集群网络，刘友金等（2005）的研究中也有类似的界定。

### 三、样本信度检验

本章主要采用半结构化访谈的形式。在调研过程中，浙江省经济和信息化厅（原浙江省经济和信息化委员会）、余姚市经济和信息化局（原余姚市经济和信息化委员会）的领导给予了大力支持，并派遣专职人员陪同笔者到典型企业及相关政府部门进行调研，使笔者获得了大量一手案例信息。每次调研结束后，笔者及时将余姚塑料产业集群的案例材料进行梳理，在成稿之前通过邮件和电话的形式与访谈企业和政府工作人员进行了多次沟通，这些都确保了访谈的真实性，提高了质性研究的信度。

### 四、样本效度检验

本章采取多重证据来源的三角验证法以确保案例研究的内部效度。在样本选取上，本章通过反复筛选确保了样本集群具有明显的代表性。在样本研究对象选择上，本章进行了试访谈和反复访谈，并多次对访谈大纲进行修改，同时与当地政府部门建立了信任关系，提高了研究信度。第一，企业样本，对选定集群中典型企业的管理层进行访谈，确定企业标准：一是集群内规模最大的示范性企业；二是与示范性企业在技术创新方面相关的企业；三是集群内其他相关企业。第二，政府部门，笔者对集群所在区域政府的经济主管部门人员进行了多次分别访谈。在样本数据收集上，本章通过当地统计年鉴、分管部门数据库以及高校财经数据库（INFOBANK）检索并收集了当地及国内权威媒体对样本集群的深度报道资料，对访谈数据进行了有效补充。

在研究的外部效度方面，本章样本的选取得益于浙江省人民政府发布的《浙江省人民政府关于深化工业强县（市、区）建设工作的指导意见》（浙政办发〔2014〕118号）。在具体样本的选取过程中，笔者参与了余姚市工业强市建设规划的编制，并对余姚塑料产业集群展开案例调研工作，走访了大量的集群内企业，并发现如下现象：在余姚塑料产业集群创新网络形成过程中，中国塑料城承担着市场导向作用、知识传递功能，以及由此带来的创业角色，是典型的集群内焦点企业。因此，为了提高研究的外部效度，本章围绕中国塑料城，并运用焦点企业理论、网络关系理论、企业学习理论指导开展余姚塑料产业集群创业网络演化的案例研究。

## 第三节　余姚塑料产业集群案例分析

自1994年批准设立以来，中国塑料城已发展成为国内塑料流通行业中市场规模大、品牌形象好、行业知名度高的龙头市场，庞大的市场规模和营销网络带来了"龙头"引领效应。2019年，中国塑料城总交易额超1000亿元，市场规模、经营品种和交易总量均列全国第一，通过技术传递（Stuart，2000）、技术溢出及示范性（魏江等，2004），中国塑料城成功推动了集群创新网络的发展。

### 一、余姚塑料产业集群创新网络演化

Granovetter（1973）认为关系的强度包括节点之间交流的时间、情感的紧密程度、熟识性和互惠性四个方面。本章主要从合作时间与合作范围两个维度来度量合作关系的强度，合作时间比较短，以简单的项目形式合作的关系为弱关系，其表现形式主要有成果转让等；合作时间比较长、合作范围比较广的关系为强关系，强关系的主要表现形式有合作研发、产品技术联合改进等。根据企业学习和关系强度的不同特征，可以将余姚塑料产业集群发展史分为以下三个阶段（见图4-1）：

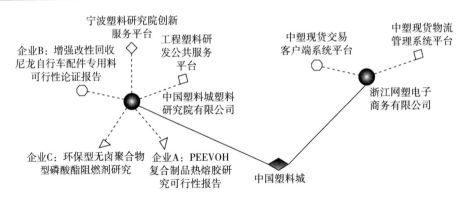

**图 4-1　余姚塑料产业集群创业网络（2006~2008 年）**

1. 第一阶段（2006~2008 年）

2006 年，余姚市政府为促进塑料产业集群的发展，联合中国塑料城与中国兵器工业集团第五三研究所共同设立了余姚中国塑料城塑料研究院有限公司（以下简称"塑料研究院"）。成立初期，塑料研究院就针对余姚塑料产业中一些具有开创性的重大技术、集群内企业所面临的共性技术难题，进行了针对性突破，并以公共技术服务平台（如工程创新和塑料研发服务平台）为载体，以成果转让的形式开放式地让集群内企业共享学习（如工程创新平台进行环保型无卤聚合物型磷酸酯阻燃剂研究）。同时，为推进电子商务的发展，中国塑料城在 2008 年成立了浙江网塑电子商务股份有限公司（以下简称"网塑电子"）建立中塑现货交易客户端系统，以应用层面的技术（主要涉及在线销售、在线采购、在线支付，以及安全可靠的交易平台）免费开放给集群内的企业学习和应用；建立了中塑现货物流管理系统，给集群内外交易商和物流公司提供简捷、易操作的交易客户端和物流管理。这一个阶段的集群创业网络主要呈现以下两个特征：第一，中国塑料城以强大的研发能力成为集群创业网络内的焦点企业。第二，集群内的其他企业以成果购买（转让）、技术应用等形式与焦点企业建立探索式学习为主的弱关系连接。

2. 第二阶段（2009~2011 年）

这个阶段是余姚塑料产业集群发展的关键时期，中国塑—塑料研究院分别与余姚市易路塑化有限公司以技术顾问的学习模式，与浙江巨龙箱包有限公司以合作研发的学习模式，建立强关系并展开合作；与集群外企业如河南中和矿业有限公司、浙江新长城进出口贸易有限公司以项目委托开发的学习模式，建立弱关系展开合作。同时，网塑电子通过电子商务平台与集群内物流企业以战略联盟的学习模式，建立强关系，并帮助合作企业提供售后服务、信息咨询、技术服务等学习模式，以弱关系拓展了集群创业网络。该阶段集群创业网络呈现出以下几个特征：第一，合作企业数量大幅增加，集群创业网络规模扩大；第二，出现了合作研发、战略联盟等多个合作方式，与集群内企业建立了横向利用式学习模式；第三，打破了原有组织边界，与不少集群外企业（主要是供应商之间）建立了纵向的合作关系，并以项目委托开发的形式（弱关系）建立了探索式学习模式（见表4-2）。

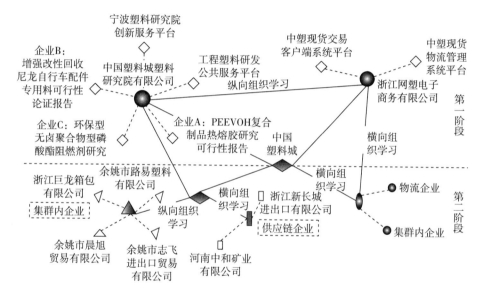

**图4-2　余姚塑料产业集群创业网络（2009~2011年）**

3. 第三阶段（2012~2013年）

经过前期的积累，余姚塑料产业集群基本形成了以中国塑料城为核心，其他涉塑企业以及供应商、客户、政府部门、研究机构为节点的复杂集群创业网络。集群目前与国内近20多家科研机构保持密切协作，并出资在华东理工大学、四川大学等多所大学建有专门的实验室和服务平台，同商务部、浙江省科技厅、宁波市经济和信息化局等重要政府部门开展项目对接服务。余姚塑料产业集群创业网络第三阶段的特征是：第一，网络节点进一步多样化，除原有集群内企业外，与研究机构、大学、政府部门展了深度合作，创业网络从集群内部拓展到了外部。第二，与国内优秀的研究机构、大学（战略联盟、人才培养等方式）、国内政府部门（政策支持、平台共建等方式）建立了强关系，关系强度变化显著。第三，合作方式多样化，出现了共建实验室、联合开发等多种合作方式（见图4-3）。

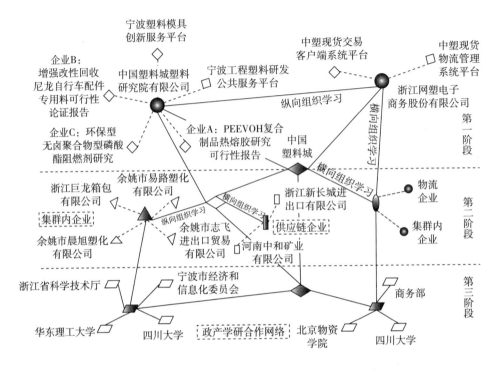

**图4-3 余姚塑料产业集群创业网络（2012~2013年）**

## 二、网络关系、企业学习与集群创业网络协同演化的机理分析

根据 March（1991）的研究成果，本章将集群企业通过学习新的知识而推出一种全新的产品或者进入新的知识领域等学习行为归纳为探索式学习；将利用和开发已有的知识提高现有产品或服务质量、生产效率，降低现有产品或服务成本的学习行为归纳为利用式学习。通过以上搜集的资料可以发现：余姚塑料产业集群创业网络演化中的强弱关系与企业学习存在一定的内在机理。综观余姚塑料产业集群的发展经验，创业网络的形成过程中网络关系与企业学习存在较显著的协同演化规律（见表4-1）。第一阶段，以中国塑料城为代表的焦点企业与其他企业联系较少，主要网络关系以成果转让和技术应用为主，企业学习模式均为探索式学习，但这种形式有效促进了新兴焦点企业与集群内企业的信任与合作，吸引集群内企业与中国塑料城建立技术交流、参观学习等学习模式，促进了集群企业

表4-1 余姚塑料产业集群历年网络关系、企业学习与创业网络演化

| 创业网络阶段 | 合作时间 | 技术分析 | 学习客体 | 学习方式 | 关系强度 | 企业学习 |
|---|---|---|---|---|---|---|
| 第一阶段 | 2006 年 | 宁波工程塑料研发公共服务平台 | 集群内企业 | 技术展示、传播 | 弱 | 探索式学习 |
| | 2007 年 | PEEVOH 复合制品热熔胶研究可行性报告 | | 成果购买 | | |
| | 2007 年 | 宁波塑料模具创新公共服务平台 | | | | |
| | 2007 年 | 增强改性回收尼龙自行车配件专用料可行性论证报告 | | | | |
| | 2007 年 | 环保型无卤聚合物型磷酸酯阻燃剂研究 | | 成果转让 | | |
| | 2008 年 | 中塑现货交易客户端系统 | | 技术应用 | | |
| | 2008 年 | 中塑现货物流管理系统 | | | | |
| 第二阶段 | 2009～2011 年 | — | 余姚易路塑化有限公司 | 技术咨询交流 | 弱 | 探索式学习 |
| | 2009～2011 年 | PC/ABS 合金箱包材料及生产工艺的研制 | 浙江巨龙箱包有限公司 | 合作研发 | 强 | 利用式学习 |
| | 2009～2011 年 | P1091-7D 高强度碳纤维多用智能箱 | | | | |
| | 2009～2011 年 | 高强度防刺防割智能安全箱 | | | | |
| | 2009～2011 年 | 伊利石填充改性热塑性塑料研究 | 河南中和矿业有限公司 | 联合开发 | 强 | 利用式学习 |
| | 2009 年 | 散光材料的开发 | 浙江新长城进出口贸易有限公司 | 产品技术改进 | 强 | 利用式学习 |
| | 2011 年 | — | 余姚市晨旭塑化有限公司 | 调查问卷反馈 | 弱 | 探索式学习 |
| | 2011 年 | | 余姚市志飞进出口贸易有限公司 | 建立售后服务部门 | 弱 | 探索式学习 |
| | 2009～2011 年 | — | 浙江网塑电子商务股份有限公司 | 技术咨询交流 | 弱 | 探索式学习 |
| | | — | | 产品信息反馈 | | |

续表

| 创业网络阶段 | 合作时间 | 技术分析 | 学习客体 | 学习方式 | 关系强度 | 企业学习 |
|---|---|---|---|---|---|---|
| 第三阶段 | 2012~2013年 | 宁波塑料产业集群窗口服务平台 | 宁波市经信委 | 资金支持 | 强 | 利用式学习 |
| | 2012~2013年 | 浙江省塑料加工技术创新公共服务平台 | 浙江省科技厅 | 人才培养 | 弱 | 探索式学习 |
| | 2012~2013年 | | | 资金支持 | 强 | 利用式学习 |
| | 2012~2013年 | 宁波塑料产业集群窗口服务平台 | 万华化学—华东理工大学联合创新联合实验室 | 战略联盟 | 强 | 利用式学习 |
| | 2012~2013年 | | 四川大学 | 人才培养 | | |
| | 2011~2013年 | 塑料全程电子商务及其物流服务技术开发与示范应用 | 商务部 | 资金补助 | 强 | 利用式学习 |
| | 2011~2013年 | 开发在线物流服务技术与系统 | 北京物资学院、商务部 | 联合开发 | 强 | 利用式学习 |
| | 2011~2013年 | 物流智能监测技术与系统 | | | | |

新产品、新市场的开发。下属网塑电子的电子商务平台建设进一步拓展了中国塑料城与集群内企业的互动学习机制，从而推动了集群创新网络的形成。第二阶段，开始出现强关系，与数个集群内龙头企业以合作研发等形式展开深入合作学习，与集群内供应链中的贸易商以服务改进等方式建立学习合作模式。此时，探索式学习和利用式学习同时在网络中出现，集群创业网络从制造企业开始向服务业企业延伸，网络规模和密度开始增大。第三阶段，集群创业网络体系基本形成，政府部门以资金支持、人才培养等方式介入到集群网络发展过程中，同时集群与高校、研究机构以战略联盟等学习方式形成一强关系，不仅提高了整个集群的学习能力，也带动了集群内产品创新能力的提升。

## 第四节　集群创业网络演化阶段性的进一步讨论：政府政策的作用

在组织理论研究中，产业集群创业网络的发展和演化就是部分带头企业和个人的学习示范作用带动小企业蓬勃发展的过程（魏江等，2004）。Lorenzoni 和 Lipparini（1999）指出，在一定环境下，焦点企业成长并带动组织企业学习，从而推动集群发展，其主导作用是明显且不可替代的。余姚塑料产业集群案例的解析中也清晰地反映了焦点企业学习带动集群创业网络形成的内在原理。在分析焦点企业作用的过程中，可以发现，政府政策推动对集群网络演化的导向作用尤为突出，也为研究提供了新的探索视角。

第一阶段，政府推动焦点企业形成。从集群整体来看，集群发展都存在一个相对稳定的时期（S1），该时期集群结构由生产同一种产品，具有较高同质性的大量中小企业构成，企业之间以水平联系来完成产品生产。这一时期集群企业在整个场域中遵循原有的"学习逻辑"，形成了规范性同行，但也成为集群组织僵化、失去弹性的根源（Abrahamson and Fombrun，1994），产生所谓的锁定效应和路径依赖，从而阻碍集群企业的创新和创业。这时，政府的政策、法律（强制性同形）在帮助焦点企业成长，推动解决组织僵化和学习固化所产生的锁定效应和路径依赖问题，从而创建新的集群创业网络的过程中具有重要的作用。案例中，余姚市政府在 2006 年成立中国塑料城而后在集群内推动对环保型塑料技术的学习和开发，并开发出数个相关技术专利，快速形成了新的集群技术创新网络。因此，余姚塑料产业集群在推出"限塑令"后反而得到了快速发展。

第二阶段，政府政策推动企业学习。以焦点企业为核心，如何将新知识通过组织间学习扩散到整个集群网络成为这个阶段的新问题。此时，由政府政策引导集群内企业进行强制性同行（Powell and DiMaggio，1991）就显得非常重要。这些政策包括给集群企业施加正式制度性规则；为促进集群学习，给集群建设新的公共平台（如案例中政府通过组建中国塑料城，成立的工程创新、塑料研发服务平台、电子商务平台等）等。这些政策能够有效推动集群组织形成合作的文化，规划联合学习的目标，发展关系信任，促使组织采取相似决策和战略，出现组织场域结构化（Abrahamson and Fombrun，1994），有效地增强组织关系学习能力

（Selnes and Sallis，2003）。案例分析表明，政府通过焦点企业带动集群内企业的学习行为改变了原有企业间关系（强弱关系），增强了组织关系学习能力，带动了集群创业网络的构建。此时的集群创业网络（S2）开始转型成为以焦点企业为核心，其他中小企业通过企业学习，逐渐形成自身的核心竞争力，从而升级成为新的焦点企业。

第三阶段，政府政策推动集群创业网络形成。这个阶段，政府通过提供公共服务和制定公共政策进一步帮助集群内焦点企业与顾客、供应方、分销商、研究机构等伙伴获取新知识，提高学习能力（Slater and Narver，1995），通过建立这些强关系进行学习活动并累积知识。这些政府行为在组织创新网络形成中扮演着关键角色（Dyer and Singh，1998；Mohr and Sengupta，2002）。案例分析中，焦点企业通过与政府、高校、科研院所建立长期的学习关系后，拓展了集群创业网络（S3）。集群创业网络的形成与演化如图4-4所示。

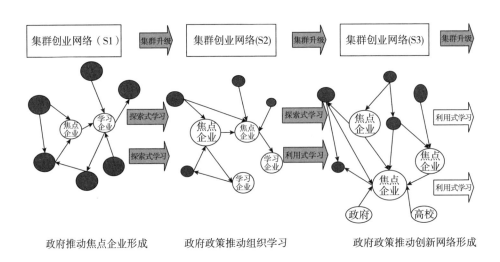

政府推动焦点企业形成 　　　政府政策推动组织学习 　　　政府政策推动创新网络形成

**图4-4　集群创业网络的形成与演化**

# 第五节　小结

本章以生产性服务类企业为样本，全面探讨了关系嵌入性如何影响企业技术创新和集群创业网络，填补了这方面研究中有关嵌入关系作用的空白。本章的研究重点是网络关系的强度和组织学习模式。通过从关系嵌入性的悖论出发，解释了网络关系强度与探索性学习和利用性学习之间的耦合关系，以及集群创业网络的共同进化过程。通过案例分析，可以得出以下启示：为满足集群创业网络的战略需求，有效地管理集群创业网络，采取与关系强度和学习模式相匹配的组织学习策略，是全面提升集群企业技术创新和集群升级最切实可行的方法。同时，作为补充，在案例跟踪和探索中，本章还重点关注了集群的焦点企业和政府政策如何影响"关系强度和学习模式的匹配"。

本章以社会网络理论为基础，通过观察余姚塑料产业集群创业网络演进过程中的实践经验，考察网络关系机制和企业学习机制对集群创业网络演进的影响。首先，我们发现，成长中的焦点企业有助于企业学习机制和集群创业网络的形成。其次，以往相关研究大多集中在组织学习的概念探索上，本章研究扩大了以往相关研究的范围，通过采用案例研究的方式，深入分析组织学习与技术创新的关系。研究发现，网络关系中的弱关系有利于探索性学习，而强关系则有利于利用性学习。网络连接的强度是一种共同进化的特征，其动态变化影响着学习模式的选择。最后，通过案例分析，可以发现，由于演进机制的阶段性特征，不同阶段的政府政策对重点企业、企业学习和集群网络起着至关重要的作用。本章考察的是单个案例研究，因此，该方法固有的局限性无法避免。

本章对集群创业网络的构建以及集群转型升级的政策制定具有一定现实指导意义：

（1）本章研究为集群管理提供了实践指导。本章研究发现焦点企业对建立集群创业网络具有重要影响，因此，在发展区域经济时，政府一定要提高对区域内龙头企业的重视程度，采取差异化管理的策略，"一企一策"支持企业发展。笔者曾与原浙江省经济和信息委员会的相关领导讨论过这一想法，并得到了一致支持。此外，原浙江省经济和信息委员会在 2008~2010 年连续三年推出了一系列政策，旨在扶持行业龙头企业成长。

（2）本章研究为促进产业集群转型升级的政策者制定提供了实践指导。在集群转型升级的过程中，价值链向两端延伸和产业链向高端转移的路径并不简单，而是充满了内在逻辑。笔者认为，在这个过程中，焦点企业的兴衰起伏起着至关重要的作用。集群升级首先在于企业创新，而企业创新又从焦点企业的创新开始，使之成为一种转换和升级。笔者按照这一路径，考察了世界范围内成功的产业集群，如美国硅谷的成功，是集群内中小企业相互学习的结果（这些中小企业后来成长为集群内的焦点企业，如谷歌）；中国台湾新竹科学工业园区的成功，是当地政府努力建立了一个由中小企业（如联合微电子公司、台湾半导体制造公司）、科研机构和大学组成的产学研平台网络。因此，政府必须对集群内的高潜力中小企业进行扶持，以培育"隐形冠军"和"小巨人"企业为目标，定期组织自由讨论聚会，建立共享的产学研平台，以促进集群创业网络的形成。

（3）未来的研究可以重点关注以下三个方面：第一，虽然塑料行业的转型变革产生了实质性的繁荣，但由于无降解塑料等污染因素对生态环境的影响相当大，促使中国政府于 2008 年正式实行"限塑令"。塑料行业在生产过程中必然会推行可降解的环保塑料，越来越高的技术门槛将是一种趋势，目前政府的政策起到了决定性的引导作用。第二，由于焦点企业的知识是新网络的重要因素，也是政策制定者的关注点，因此，研究应确定政策如何针对单个创新企业，即"一企一策"，以促进焦点企业的发展。第三，集群网络和企业学习与集群创业网络的演进密切相关。因此，研究必须确定中国政府如何改善集群组织关系，引导企业选择有利于集群发展的学习模式，促进集群创业网络的发展。

# 第五章　创业网络、创业学习与企业创业的实证研究

通过上述探索式案例分析，本书认为围绕平台企业形成的创业网络对企业创业存在积极影响，并且认为这种影响是通过学习机制实现的。本章将针对这些命题，结合已有文献展开进一步探讨，提出创业网络对企业创业影响机制的细化假设和概念模型。

本章的自变量为创业网络（EN），认为创业网络通过为企业提供有价值的资源和信息，促进企业开展创业行为。总结已有创业网络的分析视角以及本书的案例研究结论，本章从网络关系强度视角刻画企业的创业网络特征（Barney，1991；Baum et al.，2000；Collins and Clark，2003），将创业网络分为弱关系网络（EWN）和强关系网络（ESN）。其理由在于，网络关系强度代表了企业在创业网络中与其他组织之间的相互关系，不同的网络关系强度会影响创业网络构建及利用的方式，进而影响企业创业行为。

本章的因变量为企业创业（EE），其本质是开展价值创造活动（Shane and Venkataraman，2000），主要表现为新产品的开发、新技术的应用、新业务的开拓、管理理念的创新、风险投资等一系列价值创造活动。中介变量为创业学习（EL）。其理由在于，创业是一个学习的过程（Minniti and Bygrave，2001），这个过程需要通过网络获取有价值的资源，企业在学习的基础上开展企业创业，并根据 March（1991）的研究，将创业学习分为探索式学习（ETL）和利用式学习（ELL）两种模式。

## 第一节 关系机理与分层假设

### 一、创业网络与企业创业

根据已有文献，本书从网络关系视角刻画创业网络（Collins and Clark，2003）。有关网络关系的众多研究表明，企业间的网络关系有助于企业开展创新创业行为（Lee，2010）。网络关系通过促进新思想、新观念的传播，使在创业网络中的企业相互学习，从而促进企业创业行为的开展（Brown and Drake，2014）。进一步地，Granovetter（1973）将创业网络分为强关系网络和弱关系网络。Lee（2010）提出企业间的关系有助于企业培育创新创业能力，但关于是强关系网络还是弱关系网络更能促进企业开展创业行为，学术界尚存在一定的争议。

已有研究表明，强关系使得企业更加信任彼此，这种信任使得企业可以加快信息处理速度和加深新知识吸收程度（Larson，1992；Uzzi，1996；Hansen，1999；Kranenburg，2011；吴晓云、王建平，2017），可以有效地促成企业发展创新创业行为。吴晓波和韦影（2005）对浙江医药企业的网络关系进行了研究，研究结果表明，强关系网络可以为企业提供更高质量的信息和复杂知识，企业更倾向于开展创业活动。王玲玲等（2017）通过对西安高新创业园区新创企业的调研发现，新创企业与多个利益相关者构建强关系的创业网络有利于提高信任程度，降低交易成本，以及更快地获取有价值的资源，促使企业开展创业行为。

也有学者对此持不同的观点。Granovetter（1983）认为，强关系会形成网络锁定效应，限制企业吸收新知识，从而阻碍创新能力，不利于企业开展创新创业活动。企业间保持较弱的关联可以更好地传递新知识和信息（Granovetter，1985），同时弱关系为企业的知识交流和传播搭建了信息桥梁，企业在这种环境下更容易用全新的视角探索新的问题，促进企业开展创业活动（Ahuja，2000；蔡宁、潘松挺，2008）。谢卫红等（2015）以珠三角地区企业为研究对象进行实证分析，研究结果表明，相较于强关系，弱关系更能促使企业开展突破式创新，促进企业的创业行为。

在网络关系中的企业可以获得不同的资源，这些资源是企业开展创业的基本条件，因此，不论是构建强关系网络还是弱关系网络，企业获取和利用这种资源，都有利于企业开展创业行为，但是影响的关系机理不同，作用效果也会迥异。基于此，本书提出以下假设：

假设1：创业网络正向影响企业创业。

假设1a：弱关系网络正向影响企业创业。

假设1b：强关系网络正向影响企业创业。

## 二、创业网络与创业学习

已有研究表明，创业网络是企业获取知识和信息的重要途径，能够有效促进创业学习。企业构建的强关系网络可以使企业间频繁交流并迅速解决问题，在环境动荡期间能及时满足现有客户或市场的需求，有利于企业开展利用式学习；相反地，弱关系网络中的企业可以接触更加多样化的信息和知识，因此能够更加迅速地了解新兴客户或市场的需求，有利于企业开展探索式学习。

潘松挺和郑亚莉（2011）在对长三角城市企业的实证研究中发现，企业间的强关系可以帮助企业更好地利用现有的技术和资源，通过"干中学"进行利用式学习；而弱关系使企业更易获取新知识新技术，从而使企业更倾向于开展探索式学习帮助企业进入新的市场。有学者对152家企业进行了实证研究，探索了企业与供应商和经销商之间的网络关系如何调节企业开展创业行为的关系。研究发现，企业与供应商与经销商建立的强关系网络使得企业更倾向于进行利用式学习；而与经销商的弱关系网络可以减弱企业对探索式学习的负面影响。吴晓云和王建平（2017）通过对865家高新技术企业的实证研究发现，强关系网络对利用式学习的影响大于探索式学习，弱关系则相反，且无论哪种学习模式，强关系都在其中发挥重要作用。

也有学者持不同的观点。Corso和Pellegrini（2010）认为，强关系网络所营造的信赖的网络环境能够加速信息资源和隐性知识的流通程度，可以匹配探索式学习所要求的遵守团队纪律（Orlikowski and Yates，1994），能够承担高强度的风险，因此企业构建的强关系网络更适宜企业开展探索式学习。Wang等（2014）通过对美国高新技术龙头企业的专利数据进行分析，发现强关系网络带来的信任和紧密程度更有利于进行探索式学习。孙晓雅和陈娟娟（2016）认为通过弱关系网络，企业可搜寻的信息更广，且信息重组能力更高，而利用式学习能够获取企业目前没有的现有知识，这要求企业能够快速得到有效且多样化的信息，因此弱关系更加有利于企业开展利用式学习。

综上，本书认为，强关系网络和弱关系网络均能对利用式学习和探索式学习产生正向影响，但在作用机理上存在一定的差异（魏江、郑小勇，2010；吴晓云、王建平，2017），有待我们进一步检验。基于此，本书提出以下假设：

假设2：创业网络对创业学习具有正向影响。

假设2a：弱关系网络对利用式学习具有正向影响。

假设2b：强关系网络对利用式学习具有正向影响。

假设2c：弱关系网络对探索式学习具有正向影响。

假设2d：强关系网络对探索式学习具有正向影响。

### 三、创业学习与企业创业

创业学习被认为是企业开展创业行为和形成竞争优势的重要途径（Schein and，1991；Stopford and Baden-Fuller，1994；Kempster and Cope，2010）。Politis（2005）指出，企业的创业学习过程是培养创业意识、提高创业能力的过程，这有助于企业在发现已有知识或探索新的知识的基础上开展创业行为。杨隽萍等（2013）指出创业学习可以帮助企业在市场不确定性高且动态性强的背景下建立优势并开展创业活动。

于海波等（2008）认为，对我国制造业企业而言，利用式学习比探索式学习更加能够促进企业开展创业行为。魏江和郑小勇（2010）在对浙江210家劳动密集型传统制造业企业的研究中发现，利用式学习比探索式学习更加有利于企业开展创业活动。这是因为劳动密集型的传统企业大部分的创新都属于模仿式创新，都可以通过获取并利用现有的知识得以实现。彭正龙和何培旭（2015）通过对358家新兴产业企业和传统产业企业的对比实证分析得出，传统产业企业应在客户需求和竞争者的动态发展中下功夫，并且通过开展利用式学习为顾客提供新颖的产品和服务体验。

Atuahene-Gima（2003）对208家创业企业的调研发现，企业采取探索式学习的方式可以显著提升企业的创新创业绩效。杨隽萍等（2013）对新创高科技企业的实证研究表明，探索式学习与利用式学习对企业开展创业活动均能产生积极的促进作用，但探索式学习更加有利于新创企业开展一系列创业活动，实现企业成长。蒋开东等（2015）对30多个省份的高技术产业企业的研究发现，企业利用式学习投入的绩效总体较低，不能有效地促进企业开展创业行为；相比较而言，探索式学习所带来的绩效较高，有较好的创业效果。陈海峰和李杰（2018）以高技术企业作为调研对象开展研究，研究结果表明，高技术企业对于知识和信息的要求更高，而探索式学习是接触全新的知识的过程，因此更加有助于企业开展持续的价值创造活动。

综上，本书认为，利用式学习和探索式学习均能对企业创业产生正向的影响，但学术界对于是利用式学习还是探索式学习更能促进企业创业行为的发生还没有定论，这些争论的根本原因在于混淆了企业的产业类型，我们认为以传统产业和新兴产业为代表的企业因产业类型的不同，对企业学习的要求也会有所不同。如果对以传统产业和新兴产业为代表的企业做对比分析，或许会有新的发现。基于此，本书提出以下假设：

假设 3：创业学习能促进企业创业。

假设 3a：利用式学习能促进企业创业。

假设 3b：探索式学习能促进企业创业。

假设 3c：以传统产业为代表的企业，利用式学习更有利于企业创业。

假设 3d：以新兴产业为代表的企业，探索式学习更有利于企业创业。

### 四、创业学习中介作用的假设

总结现有研究我们发现，两种创业学习模式均可以促进企业创业，且创业网络对利用式和探索式两种学习模式具有显著的正向影响，因此从逻辑推导角度来看，探索式与利用式两种学习模式在创业网络促进企业创业的过程中起中介作用。

蒋春燕和赵曙明（2006）以 676 家新兴企业为对象开展研究，研究结果表明新兴产业要充分利用网络资源开展学习，促使企业开展创新创业活动。蔡莉等（2010）对三地的实证研究发现，企业与政府、客户和其他机构建立的网络关系可以促使企业进行知识共享和转移，企业在网络关系的基础上开展创业学习，进而实现了企业创业。Kranenburg（2011）在对 23 个国家、572 家国际公司的研究中证明网络关系强度通过影响公司间的研发关系来影响创业绩效。Mahmood（2011）从多重网络关系视角考察其对企业创业的影响，通过对不同类型的网络关系（如买方—供应商、股权和董事）进行研究，发现企业间的网络关系强度会对企业的创业学习产生正向影响。陈海峰和李杰（2018）的研究结果表明，探索式学习在网络关系强度与企业创业的影响机制中发挥着中介作用。

与此同时，创业学习在大量研究中被用作关系网络与企业创业的中介变量，因此其作为创业网络与企业创业的中介已经是学术界的主流观点。基于以上分析，本书认为，创业学习在创业网络对企业创业的影响机制中起中介作用，创业网络需要通过创业学习的中介效应形成传递机制，才能对企业创业产生影响。基于此，本书提出以下假设：

假设4：创业学习在创业网络与企业创业间发挥中介作用。

假设4a：利用式学习在弱关系网络与企业创业间发挥中介作用。

假设4b：利用式学习在强关系网络与企业创业间发挥中介作用。

假设4c：探索式学习在弱关系网络与企业创业间发挥中介作用。

假设4d：探索式学习在强关系网络与企业创业间发挥中介作用。

本章的理论假设如表5-1所示。

表5-1　理论假设的汇总

| 假设 | 内容 |
| --- | --- |
| 创业网络与企业创业 | |
| 假设1 | 创业网络正向影响企业创业 |
| 假设1a | 弱关系网络正向影响企业创业 |
| 假设1b | 强关系网络正向影响企业创业 |
| 创业网络与创业学习 | |
| 假设2 | 创业网络对创业学习具有正向影响 |
| 假设2a | 弱关系网络对利用式学习具有正向影响 |
| 假设2b | 强关系网络对利用式学习具有正向影响 |
| 假设2c | 弱关系网络对探索式学习具有正向影响 |
| 假设2d | 强关系网络对探索式学习具有正向影响 |
| 创业学习与企业创业 | |
| 假设3 | 创业学习能促进企业创业 |
| 假设3a | 利用式学习能促进企业创业 |
| 假设3b | 探索式学习能促进企业创业 |
| 假设3c | 以传统产业为代表的企业，利用式学习更有利于企业创业 |
| 假设3d | 以新兴产业为代表的企业，探索式学习更有利于企业创业 |
| 创业学习的中介作用 | |
| 假设4 | 创业学习在创业网络与企业创业间发挥中介作用 |
| 假设4a | 利用式学习在弱关系网络与企业创业间发挥中介作用 |
| 假设4b | 利用式学习在强关系网络与企业创业间发挥中介作用 |
| 假设4c | 探索式学习在弱关系网络与企业创业间发挥中介作用 |
| 假设4d | 探索式学习在强关系网络与企业创业间发挥中介作用 |

根据以上研究假设，本书研究模型如图5-1所示。

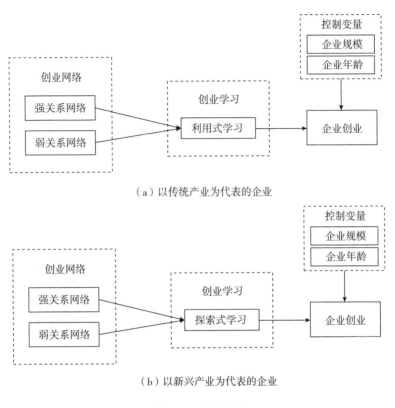

（a）以传统产业为代表的企业

（b）以新兴产业为代表的企业

**图5-1　研究模型**

# 第二节　实证分析

## 一、问卷设计

本书涉及的变量，即创业网络、创业学习和企业创业的数据需要通过问卷调查获取。同时，本书严格按照可操作性原则、有效性原则、多问项测量原则以及信效度原则设计问卷。本书设计问卷的流程如图5-2所示。

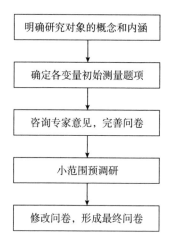

图 5-2　问卷设计流程

首先，检索并研读有关创业网络、创业学习和企业创业的相关文献，对这三个构念进行清晰定义，明确本书的测量目标。其次，收集相关测量条目，根据构念的定义，借鉴已有成熟的量表，并采取"翻译—反翻译"的方式确定各变量的初始测量题项。再次，通过走访有关专家和企业家对题项进行探讨，根据讨论结果修改问卷。最后，小范围测试问卷并根据结果再次修改问卷，以保证问卷的信度和效度，形成最终问卷。

具体来说，本书的问卷包括四个部分：第一部分为企业的基本情况，分为企业现有规模、成立年限和调查者职位等。第二部分为自变量，即创业网络量表。第三部分为中介变量，即创业学习量表，包括利用式学习和探索式学习。第四部分为因变量，即企业创业量表。所有变量均采用李克特五级量表进行测量。

## 二、研究变量测量量表

### 1. 创业网络

已有创业网络研究（如 Barney，1991；Baum et al.，2000）主要从网络关系视角刻画企业的创业网络特征，不同的网络关系强度会影响创业网络构建及利用的方式，进而影响企业创业。因此，本书对于创业网络的测量将采用网络关系强度这一指标，包括弱关系网络和强关系网络（Granovetter，1973）。结合 Granovetter（1973）、Rowley（2000）等学者的研究，用接触频率和投入资源这两个指标对其进行测量，具体如表 5-2 所示。

表5-2 创业网络的测量量表

| 变量 | 维度 | 题项 | 参考文献 |
|---|---|---|---|
| 创业网络（EN） | 接触频率 | 企业与部分合作伙伴之间的互动交流非常频繁（EN1） | Granovetter（1973）；Rowley（2000）；Collins 和 Clark（2003）；潘松挺、郑亚莉（2011） |
| | | 企业与部分合作伙伴的交流持续了很多年（EN2） | |
| | | 企业与部分合作伙伴之间会定期见面，并就近期的情况进行交谈（EN3） | |
| | 投入资源 | 企业为双方的合作投入了大量的人力资源（EN4） | |
| | | 企业为双方的合作投入了大量的资金（EN5） | |
| | | 企业为双方的合作投入了大量的社会资源（EN6） | |

资料来源：笔者整理。

2. 创业学习

先前学者从不同的研究视角对创业学习进行了分类，本书采取 March（1991）的研究，将创业学习分为探索式学习和利用式学习，并借鉴 Atuahene-Gima 和 Murray（2007）的研究成果对创业学习进行测量，具体如表5-3所示。

表5-3 创业学习的测量量表

| 变量 | 维度 | 题项 | 参考文献 |
|---|---|---|---|
| 创业学习（EL） | 利用式学习（ELL） | 企业倾向于寻找解决问题的常用方法（ELL1） | Atuahene-Gima 和 Murray（2007） |
| | | 企业倾向于寻找容易实施且能保障企业生产力的有关方法与信息（ELL2） | |
| | | 企业倾向于寻找那些普遍应用的、已被证明的解决市场或产品问题的方案（ELL3） | |
| | | 企业倾向于收集信息（如现有客户和竞争对手的调查）来了解和更新项目和市场经验（ELL4） | |
| | | 企业强调利用与现有经验相关的知识（ELL5） | |
| | 探索式学习（ETL） | 企业倾向于寻求高风险且未曾试验的市场或产品信息（ETL1） | |
| | | 企业倾向于收集尚未识别的市场或产品需求信息进行试验（ETL2） | |
| | | 企业倾向于获取新知识可以带领企业进入新领域（如新市场、新技术领域）（ETL3） | |
| | | 企业倾向于收集超越当前市场和技术经验的新信息和新理念（ETL4） | |
| | | 企业强调不断学习新知识，寻求新的市场和技术（ETL5） | |

### 3. 企业创业

本书将借鉴陈劲等（2006）和 Gorgievski（2011）对企业开展创业行为的研究成果，对企业创业进行测量，具体如表 5-4 所示。

**表 5-4　企业创业的测量量表**

| 变量 | 题项 | 参考文献 |
|------|------|----------|
| 企业创业（EE） | 企业不断开展管理理念的创新（EE1） | 陈劲等（2006）；Gorgievski（2011） |
| | 企业不断应用新的技术（EE2） | |
| | 企业不断研发新的产品（EE3） | |
| | 企业不断开展新的业务（EE4） | |
| | 企业不断进入新的市场（EE5） | |
| | 企业不断开展企业并购、风险投资等行为（EE6） | |

同时，根据相关文献资料，本书将企业现有规模和企业成立年限作为本书的控制变量。企业的规模以员工人数进行区分，分为 1~50 人、51~300 人、301~1000 人、1000 人以上，共四档；企业的成立年限以年做单位，分为 3 年以下、4~6 年、7~10 年、10 年以上，共四档。

### 三、数据的收集与分析

#### 1. 样本数据与描述性统计分析

（1）数据收集。本书的研究对象为以传统产业为代表的企业和以新兴产业为代表的企业，通过问卷调查收集本书所需要的数据。根据企业目录，并按照企业类型，有针对性地发放问卷。本书的问卷调查主要通过以下三种渠道进行：一是集中填写问卷，借助浙江财经大学的各类企业培训班，向其学员发放问卷；二是实地走访调研，主要走访地点为杭州市创业园区，包括杭州梦想小镇、杭州新加坡科技园，开展实地问卷填写；三是直接向目标企业发放问卷。

本书研究的正式调研自 2019 年 5 月开始，历时 5 个月，通过各种渠道共计发出问卷 500 份（以传统产业为代表的企业和以新兴产业为代表的企业各 250 份），问卷共计回收 389 份，问卷回收率为 77.80%，其中以传统产业为代表的企业回收 187 份，问卷回收率为 74.80%；以新兴产业为代表的企业回收 202 份，问卷回收率为 80.80%。在回收的问卷中，填写不完整的问卷和无效问卷有 77 份，剔除后共计有效问卷 312 份，问卷有效率为 80.21%。在有效的问卷中，以传统产业为代表的企业有效样本数为 159 份，问卷有效率为 85.03%；以新兴产业为代表的企业有效样本数为 153 份，问卷有效率为 75.74%，具体如表 5-5 所示。在企业样本中，传统产业占 51.96%，新兴产业占 49.04%，两类产业样本数量非常接近，有效问卷数大于研究指标的 5 倍，可以开展下一步的研究（Bentler and Chou, 1987）。

表 5-5 问卷的有效情况

| 产业类型 | 发放问卷（份） | 回收问卷（份） | 有效问卷（份） | 问卷回收率（%） | 问卷有效率（%） |
|---|---|---|---|---|---|
| 传统产业 | 250 | 187 | 159 | 74.80 | 85.03 |
| 新兴产业 | 250 | 202 | 153 | 80.80 | 75.74 |

本书在研究设计上采取匿名答卷，明确答案无对错之分，在统计分析上，主成分因子共分析出 4 个因子，共解释了总变量的 68.733%，因子解释分别为 18.432%、17.401%、17.276% 和 15.624%，这表明了没有单一的因子能够解释绝大部分的变量，从而降低了研究的共同方法偏差（Common Method Biases，CMB）。

（2）样本的描述性统计分析。描述性统计分析可以对调查对象进行特征统计分析。本次问卷收集了企业所属产业、企业规模、企业成立年限、企业股权性质、企业近两年年均销售总额以及被受访者职位等基本情况，如表 5-6 所示。

根据表 5-6 的结果，在企业规模中，低于 50 人占 45.19%，51～300 人占 23.72%，301～1000 人占 16.35%，1000 人以上占 14.74%，低于 50 人的企业占比最大，是因为大部分新兴产业都是新建企业，规模目前较小，符合研究情况。在企业成立年限中，3 年以下占比 14.10%，4～6 年占比 47.44%，7～10 年占比 22.76%，10 年以上占比 15.71%，所有企业成立年限均有涉及。企业股权性质中，民营企业占比 63.46%，国有企业占比 8.33%，中外合资企业占比 15.71%，外商独资企业占比 12.50%，民营企业占比最多，这是因为样本企业大部分在浙江省，而浙江省民营企业居多，因此符合研究实际。企业近两年年均销售总额，100 万元以下、100 万～500 万元、500 万～1000 万元、1000 万～3000 万元、3000 万～5000 万元、5000 万元以上分别占比 31.09%、25.64%、17.63%、12.50%、6.73%、6.41%。受访者职位中，高层管理人员、中层管理人员、基层管理人员和普通职员分别占比 22.12%、19.23%、18.59%、40.06%，所有职位均有涉及，因此样本具有一定的代表性。

表5-6 样本的基本信息统计

| 项目 | 类别 | 频率 | 占比（%） |
|---|---|---|---|
| 企业规模 | 低于50人 | 141 | 45.19 |
| | 51~300人 | 74 | 23.72 |
| | 301~1000人 | 51 | 16.35 |
| | 1000人以上 | 46 | 14.74 |
| 企业成立年限 | 3年以下 | 44 | 14.10 |
| | 4~6年 | 148 | 47.44 |
| | 7~10年 | 71 | 22.76 |
| | 10年以上 | 49 | 15.71 |
| 企业股权性质 | 民营企业 | 198 | 63.46 |
| | 国有企业 | 26 | 8.33 |
| | 中外合资企业 | 49 | 15.71 |
| | 外商独资企业 | 39 | 12.50 |
| 企业近2年年均销售总额 | 100万元以下 | 97 | 31.09 |
| | 100万~500万元 | 80 | 25.64 |
| | 500万~1000万元 | 55 | 17.63 |
| | 1000万~3000万元 | 39 | 12.50 |
| | 3000万~5000万元 | 21 | 6.73 |
| | 5000万元以上 | 20 | 6.41 |
| 受访者职位 | 高层管理人员 | 69 | 22.12 |
| | 中层管理人员 | 60 | 19.23 |
| | 基层管理人员 | 58 | 18.59 |
| | 普通职员 | 125 | 40.06 |

（3）信度与效度检验。信度（Reliability）与效度（Validity）是开展数据分析的前提条件。信度是指为测量工具免于随机误差影响的程度，即稳定性；效度考察的是分析结果与测量内容的匹配程度，即有效性。

1）信度检验。创业网络、创业学习和企业创业的量表信度检验如表5-7所示，检验结果显示，三个变量的Cronbach's α值分别为0.845、0.859、0.909，均大于0.7，表明量表的内部一致性良好，即本书研究量表具有较高的信度，符合研究要求。

表5-7 量表的可靠性分析

| 变量 | 题项 | CITC | 删除该项后的 α | 整体 α 系数 |
|------|------|------|----------------|-------------|
| 创业网络<br>（EN） | EN1 | 0.675 | 0.809 | 0.845 |
| | EN2 | 0.562 | 0.832 | |
| | EN3 | 0.594 | 0.825 | |
| | EN4 | 0.668 | 0.811 | |
| | EN5 | 0.621 | 0.820 | |
| | EN6 | 0.639 | 0.817 | |
| 创业学习<br>（EL） | ELL1 | 0.554 | 0.847 | 0.859 |
| | ELL2 | 0.561 | 0.846 | |
| | ELL3 | 0.621 | 0.841 | |
| | ELL4 | 0.600 | 0.843 | |
| | ELL5 | 0.584 | 0.844 | |
| | ETL1 | 0.492 | 0.852 | |
| | ETL2 | 0.558 | 0.846 | |
| | ETL3 | 0.674 | 0.837 | |
| | ETL4 | 0.635 | 0.840 | |
| | ETL5 | 0.506 | 0.842 | |
| 企业创业<br>（EE） | EE1 | 0.631 | 0.908 | 0.909 |
| | EE2 | 0.793 | 0.886 | |
| | EE3 | 0.805 | 0.884 | |
| | EE4 | 0.789 | 0.887 | |
| | EE5 | 0.746 | 0.893 | |
| | EE6 | 0.727 | 0.896 | |

2）效度检验。①内容效度。内容效度（Content Validity）是指测量的内容所具有的代表性和逻辑性，一般采取逻辑分析法、专家判断法和实证研究法。首先，本书在创业网络、创业学习和企业创业的量表在开发和编制的过程中借鉴了已有研究的成熟量表，因此在一定程度上是被认可的。其次，为了确保本书的量表符合本书的研究实际，笔者先后咨询了多名专家，并且在小范围内开展预调研，对量表进行修正。因此，本书的问卷的内容效度较好。②结构效度。本书利用SPSS20.0对各变量进行 KMO 和 Bartlett 球形检验，检验结果如表5-8所示。由表5-8可知，总体的 KMO 系数为0.841，三大变量的 KMO 系数分别为0.849、

0.813、0.909，均大于 0.8，且 Bartlett 球形检验相应的伴随概率值均为 0，小于显著性水平 0.05，说明数据可以进行因子分析。

表 5-8　KMO 和 Bartlett 的检验

| | | 总体 | 创业网络 | 创业学习 | 企业创业 |
|---|---|---|---|---|---|
| 取样足够度的 Kaiser-Meyer-Olkin 度量 | | 0.841 | 0.849 | 0.813 | 0.909 |
| Bartlett 球形检验 | 近似卡方 | 4484.410 | 693.989 | 2498.383 | 1009.849 |
| | df | 231 | 15 | 45 | 15 |
| | sig. | 0.000 | 0.000 | 0.000 | 0.000 |

随后，运用主成分分析法提取特征值大于 1 的公共因子，并用最大方差法对因子进行旋转。表 5-9 为因子分析后因子提取和因子载荷旋转的结果，本书共提取 4 个因子解释了总方差的 68.733%，其中创业网络得到 1 个公因子，创业学习得到 2 个公因子，企业创业得到 1 个公因子，其解释的百分比分别为 15.624%、17.401%、17.276%、18.432%，且每个因子载荷都大于 0.5，因此对该变量有较好的解释力，量表结构效度较好。

表 5-9　旋转载荷矩阵

| | | 成分 | | | |
|---|---|---|---|---|---|
| | | 1 | 2 | 3 | 4 |
| 企业创业（EE） | EE1 | 0.843 | | | |
| | EE2 | 0.823 | | | |
| | EE3 | 0.836 | | | |
| | EE4 | 0.849 | | | |
| | EE5 | 0.788 | | | |
| | EE6 | 0.684 | | | |
| 创业学习（EL） | ETL1 | | 0.838 | | |
| | ETL2 | | 0.872 | | |
| | ETL3 | | 0.873 | | |
| | ETL4 | | 0.823 | | |
| | ETL5 | | 0.838 | | |
| | ELL1 | | | 0.836 | |
| | ELL2 | | | 0.817 | |

续表

| | | 成分 | | | |
|---|---|---|---|---|---|
| | | 1 | 2 | 3 | 4 |
| 创业学习（EL） | ELL3 | | | 0.883 | |
| | ELL4 | | | 0.862 | |
| | ELL5 | | | 0.822 | |
| 创业网络（EN） | EN1 | | | | 0.785 |
| | EN2 | | | | 0.659 |
| | EN3 | | | | 0.692 |
| | EN4 | | | | 0.797 |
| | EN5 | | | | 0.737 |
| | EN6 | | | | 0.723 |
| 方差解释百分比（%） | | 18.432 | 17.401 | 17.276 | 15.624 |
| 累计解释总方差（%） | | 68.733 | | | |

注：提取方法：主成分分析法。旋转法：具有 Kaiser 标准化的正交旋转法。

③聚合效度。本书利用 AMOS21.0 对各变量进行验证性因子分析来测算量表的聚合效度。表 5-10 显示，每个显性变量所对应潜变量的路径系数（因子载荷）均大于 0.5。通过因子载荷计算，变量 CR 值分别为 0.860、0.913、0.931、0.878，均大于 0.7，AVE 值均大于 0.5，说明本书量表的聚合效度较好。

表 5-10 验证性因子分析结果

| 变量 | 题项 | 因子载荷（AMOS） | CR | AVE |
|---|---|---|---|---|
| 创业网络（EN） | EN1 | 0.72 | 0.860 | 0.505 |
| | EN2 | 0.71 | | |
| | EN3 | 0.67 | | |
| | EN4 | 0.74 | | |
| | EN5 | 0.70 | | |
| | EN6 | 0.72 | | |
| 利用式学习（ELL） | ELL1 | 0.76 | 0.913 | 0.678 |
| | ELL2 | 0.72 | | |
| | ELL3 | 0.93 | | |
| | ELL4 | 0.81 | | |
| | ELL5 | 0.88 | | |

续表

| 变量 | 题项 | 因子载荷（AMOS） | CR | AVE |
|------|------|------------------|------|------|
| 探索式学习（ETL） | ETL1 | 0.82 | 0.931 | 0.732 |
| | ETL2 | 0.92 | | |
| | ETL3 | 0.91 | | |
| | ETL4 | 0.89 | | |
| | ETL5 | 0.72 | | |
| 企业创业（EE） | EE1 | 0.80 | 0.878 | 0.596 |
| | EE2 | 0.79 | | |
| | EE3 | 0.81 | | |
| | EE4 | 0.85 | | |
| | EE5 | 0.74 | | |
| | EE6 | 0.62 | | |

### 四、相关性分析

相关性分析是对变量之间线性相关强弱程度统计表示的过程（余建英、何旭宏，2003），一般可以采用 Pearson 简单相关系数表示。在对变量采取线性回归分析之前，需要采取相关性分析以检验其中的关系，尤其是变量之间的相关系数，如果大于 0.75，则可以认为变量间过于相似，可能存在共线性。本书的各变量之间存在一定的相关性，且相关系数最高为 0.640，小于 0.75，说明变量间的共线性问题不大，因此可以开展进一步回归分析（见表 5-11）。

表 5-11 相关性分析系数

| | 创业网络（EN） | 利用式学习（ELL） | 探索式学习（ETL） | 企业创业（EE） |
|------|------|------|------|------|
| 创业网络（EN） | 1 | | | |
| 利用式学习（ELL） | 0.342** | 1 | | |
| 探索式学习（ETL） | 0.289** | 0.176** | 1 | |
| 企业创业（EE） | 0.483** | 0.156** | 0.342** | 1 |
| 弱关系网络（EWN） | 1 | | | |
| 利用式学习（ELL） | 0.294** | 1 | | |
| 探索式学习（ETL） | 0.444** | 0.386** | 1 | |
| 企业创业（EE） | 0.640** | 0.275** | 0.556** | 1 |

| | 创业网络（EN） | 利用式学习（ELL） | 探索式学习（ETL） | 企业创业（EE） |
|---|---|---|---|---|
| 强关系网络（ESN） | 1 | | | |
| 利用式学习（ELL） | 0.249** | 1 | | |
| 探索式学习（ETL） | 0.209** | 0.004 | 1 | |
| 企业创业（EE） | 0.394** | 0.309** | 0.170** | 1 |

注：*表示在 0.05 水平（双侧）上显著相关；**表示在 0.01 水平（双侧）上显著相关。

### 五、假设检验

1. 变量关系的多元回归分析

本书的控制变量为企业成立年限和企业规模，利用 SPSS20.0 对创业网络、创业学习和企业创业进行多元回归分析，并对回归模型进行相关检验。

（1）创业网络对企业创业的影响。本书利用创业网络关系强度的均值将样本进行分类（将计算结果小于 3 分为弱关系网络组，统计得到样本数为 92；将大于等于 3 分为强关系网络组，统计得到样本数为 220），结果如表 5-12 所示。由表 5-12 可知，模型的方差膨胀因子（VIF）均在 1.5 以下，说明变量间不存在显著的共线性，F 值均在 0.01 水平下显著，因此，模型拟合效果良好。同时，由表 5-12 还可以发现，弱关系网络（B = 0.331，sig. = 0.036<0.05）正向影响企业创业，且弱关系网络对企业创业的变异解释量为 26.7%，因此假设 1a 成立；强关系网络（B = 0.390，sig. = 0.000<0.05）对企业创业有显著的积极影响，且强关系网络对企业创业的变异解释量为 17.5%，因此假设 1b 成立；创业网络（B = 0.467，sig. = 0.000<0.05）对企业创业有正向的影响，且创业网络对企业创业的变异解释量为 25.7%，因此假设 1 成立。

表 5-12　创业网络对企业创业影响的回归分析

| 变量 | 标准系数 Beta | T | sig. | VIF | F | 调整后的 $R^2$ |
|---|---|---|---|---|---|---|
| 企业现有规模 | 0.017 | 0.109 | 0.914 | 1.175 | | |
| 企业成立年限 | 0.394 | 2.410 | 0.022 | 1.237 | 5.128** | 0.267 |
| 弱关系网络 | 0.331* | 2.189 | **0.036** | 1.059 | | |

续表

| 变量 | 标准系数 Beta | T | sig. | VIF | F | 调整后的 $R^2$ |
|---|---|---|---|---|---|---|
| 企业现有规模 | 0.165 | 3.010 | 0.003 | 1.000 | | |
| 企业成立年限 | 0.043 | 0.782 | 0.435 | 1.007 | 20.533*** | 0.175 |
| 强关系网络 | 0.390*** | 7.108 | **0.000** | 1.007 | | |
| 企业现有规模 | 0.150 | 3.053 | 0.002 | 1.007 | | |
| 企业成立年限 | 0.091 | 1.851 | 0.065 | 1.003 | 36.890*** | 0.257 |
| 创业网络 | 0.467*** | 9.517 | **0.000** | 1.008 | | |

注：因变量为企业创业；*表示显著性水平小于0.05，**表示显著性水平小于0.01，***表示显著性水平小于0.001。

在此基础上，本书根据企业成立年限再对创业网络与企业创业进行回归分析，因问卷的四大年限分类的样本数过少，因此本书根据成立年限将样本分为2组，认为企业成立6年以内（含6年）为企业发展前期，将其分为一组，样本数为192个，企业成立时间7年以上为企业的发展后期，将其分为一组，样本数为110个，分别进行创业网络和企业创业的回归分析，结果如表5-13所示。

表5-13 企业不同发展阶段创业网络对企业创业的回归分析

| 产业属性 | 企业发展阶段 | 变量 | 标准系数 Beta | sig. | F | 调整后的 $R^2$ |
|---|---|---|---|---|---|---|
| 以传统产业为代表的企业 | 前期 | 弱关系网络 | 0.623*** | 0.000 | 16.592*** | 0.365 |
| | | 强关系网络 | −0.076 | 0.528 | 0.402 | 0.008 |
| | 后期 | 弱关系网络 | −0.288 | 0.531 | 0.452 | 0.101 |
| | | 强关系网络 | 0.617** | 0.008 | 9.204** | 0.339 |
| 以新兴产业为代表的企业 | 前期 | 弱关系网络 | 0.833* | 0.020 | 11.301* | 0.632 |
| | | 强关系网络 | 0.549*** | 0.000 | 35.781*** | 0.293 |
| | 后期 | 弱关系网络 | 0.340* | 0.013 | 6.648* | 0.098 |
| | | 强关系网络 | 0.158 | 0.305 | 1.081 | 0.002 |

注：因变量为企业创业；*表示显著性水平小于0.05，**表示显著性水平小于0.01，***表示显著性水平小于0.001。

由表5-13可知，以传统产业为代表的企业在发展前期，弱关系网络正向促进企业创业，在发展后期，强关系网络正向促进企业创业，这与第三章利用式案例研究的结果相吻合；以新兴产业为代表的企业在发展前期，强关系网络和弱关系网络都正向促进企业创业，在发展后期，弱关系网络正向促进企业创业，这与第三章探索式案例研究的结果基本一致。因此，可以看出，企业的创业网络正向影响企业创业，但是在企业发展的不同阶段，其发挥的作用不同。

（2）创业网络对创业学习的影响。创业网络对创业学习影响的假设检验结果如表5-14所示。

表5-14　创业网络对创业学习影响的回归分析

| 路径 | 变量 | 标准系数 Beta | T | VIF | F | 调整后的 $R^2$ |
|---|---|---|---|---|---|---|
| 创业网络→创业学习 | 企业现有规模 | −0.039 | −0.758 | 1.007 | 21.342*** | 0.164 |
| | 企业成立年限 | 0.023 | 0.442 | 1.003 | | |
| | 创业网络 | 0.414*** | 7.959 | 1.008 | | |
| 弱关系网络→利用式学习 | 企业现有规模 | −0.221 | −1.171 | 1.175 | 0.677 | 0.029 |
| | 企业成立年限 | 0.302 | 1.037 | 1.237 | | |
| | 弱关系网络 | 0.056 | 0.313 | 1.059 | | |
| 强关系网络→利用式学习 | 企业现有规模 | 0.035 | −1.478 | 1.000 | 6.936*** | 0.061 |
| | 企业成立年限 | −0.086 | 0.604 | 1.007 | | |
| | 强关系网络 | 0.246*** | 4.207 | 1.007 | | |
| 弱关系网络→探索式学习 | 企业现有规模 | −0.104 | −1.079 | 1.043 | 8.127*** | 0.190 |
| | 企业成立年限 | 0.102 | 1.080 | 1.006 | | |
| | 弱关系网络 | 0.457*** | 4.734 | 1.047 | | |
| 强关系网络→探索式学习 | 企业现有规模 | 0.041 | 0.702 | 1.000 | 4.642** | 0.138 |
| | 企业成立年限 | −0.055 | −0.934 | 1.007 | | |
| | 强关系网络 | 0.214*** | 3.611 | 1.007 | | |

注：*表示显著性水平小于0.05，**表示显著性水平小于0.01，***表示显著性水平小于0.001。

由表5-14可知，5个模型的VIF值均在1.5以下，说明变量间不存在显著的共线性，且除弱关系网络→利用式学习组，其他模型的F值均显著。同时，根据回归系数和显著性水平的结果可以发现，创业网络（B＝0.414，sig.＝0.000<0.05）对创业学习有正向的影响，因此假设2成立；弱关系网络（B＝0.056，sig.＝0.756>0.05）对利用式学习没有显著影响，因此假设2a不成立；强关系网络（B=0.246，sig.=0.000<0.05）对利用式学习有正向的影响，因此假设 2b 成立；弱关系网络（B=0.457，sig.=0.000<0.05）正向影响探索式学习，因此假设 2c 成立；强关系网络（B=0.214，sig.=0.000<0.05）正向影响探索式学习，因此假设 2d 成立。

（3）创业学习对企业创业的影响。下文将创业学习及利用式学习与探索式学习维度作为自变量，企业创业作为因变量，将两个控制变量加入回归方程后，对创业学习与企业创业之间的关系构建模型进行检验，结果如表 5-15 所示。

表 5-15　创业学习对企业创业影响的回归分析

| 变量 | 标准系数 Beta | T | sig. | VIF | F | 调整后的 $R^2$ |
|---|---|---|---|---|---|---|
| 企业现有规模 | 0.187 | 3.551 | 0.000 | 1.001 | 17.847*** | 0.140 |
| 企业成立年限 | 0.099 | 1.879 | 0.061 | 1.003 | | |
| 创业学习 | 0.317*** | 6.016 | **0.000** | 1.002 | | |
| 企业现有规模 | 0.194 | 3.522 | 0.000 | 1.005 | 8.215*** | 0.065 |
| 企业成立年限 | 0.104 | 1.897 | 0.059 | 1.004 | | |
| 利用式学习 | 0.162** | 2.947 | **0.003** | 1.006 | | |
| 企业现有规模 | 0.168 | 3.200 | 0.002 | 1.004 | 19.227*** | 0.150 |
| 企业成立年限 | 0.108 | 2.065 | 0.040 | 1.001 | | |
| 探索式学习 | 0.332*** | 6.335 | **0.000** | 1.003 | | |

注：因变量为企业创业；*表示显著性水平小于0.05，**表示显著性水平小于0.01，***表示显著性水平小于0.001。

由表 5-15 可知，3 个模型的 F 值均在 0.001 水平下显著，VIF 值均小于1.5，因此均不存在多重共线性问题。同时，根据结果可以发现，创业学习（B=0.317，sig.=0.000<0.05）和利用式学习（B=0.162，sig.=0.003<0.05）和探索式学习（B=0.332，sig.=0.000<0.05）对企业创业均具有积极的影响，因此假设 3、假设 3a、假设 3b 得到验证。

随后，为比较企业产业类型对创业学习产生的不同影响，本书根据企业的产业类型将样本分为两组（以传统产业为代表的企业组 159 个样本，以新兴产业为代表的企业组 153 个样本），首先进行企业产业类型的创业学习的独立样本 T 检验，随后在控制企业规模和成立年限的基础上，分组进行创业学习对企业创业的影响，结果如表 5-16 所示。

表 5-16 企业产业类型的创业学习的 T 检验

| | | 方差方程的 Levene 检验 | | 均值方程的 T 检验 | | |
|---|---|---|---|---|---|---|
| | | F | sig. | T | Df | sig. （双侧） |
| 利用式学习 | 假设方差相等 | 49.218 | 0.000 | 6.490 | 310 | 0.000 |
| | 假设方差不相等 | | | 6.458 | 286.466 | 0.000 |
| 探索式学习 | 假设方差相等 | 37.666 | 0.000 | −1.975 | 310 | 0.049 |
| | 假设方差不相等 | | | −1.988 | 282.312 | 0.048 |

由表 5-16 可知，利用式学习和探索式学习的 F 值分别为 49.218 和 37.666，对应的伴随概率均为 0.000，小于 0.05，因此接受方差不相等的假设，认为产业类型对创业学习模式存在显著差异。此外，T 检验的结果表明，两种学习方式的 sig. 均小于 0.05，因此拒绝原假设，认为产业类型对创业学习模式存在显著差异。在此基础上，分别对两组样本进行创业学习对企业创业的回归分析，结果如表 5-17、表 5-18 所示。

表 5-17 创业学习对企业创业影响的回归分析（以传统产业为代表的企业）

| 变量 | 标准系数 Beta | T | sig. | VIF | F | 调整后的 $R^2$ |
|---|---|---|---|---|---|---|
| 企业现有规模 | 0.139 | 1.829 | 0.069 | 1.008 | | |
| 企业成立年限 | 0.091 | 1.205 | 0.230 | 1.001 | 17.847 *** | 0.309 |
| 利用式学习 | 0.275 *** | 3.609 | **0.000** | 1.009 | | |
| 企业现有规模 | 0.133 | 1.739 | 0.084 | 1.013 | | |
| 企业成立年限 | 0.083 | 1.096 | 0.275 | 1.000 | 6.219 *** | 0.090 |
| 探索式学习 | 0.233 *** | 3.571 | **0.000** | 1.013 | | |

注：因变量为企业创业；* 表示显著性水平小于 0.05，** 表示显著性水平小于 0.01，*** 表示显著性水平小于 0.001。

表 5-18 创业学习对企业创业影响的回归分析（以新兴产业为代表的企业）

| 变量 | 标准系数 Beta | T | sig. | VIF | F | 调整后的 $R^2$ |
|---|---|---|---|---|---|---|
| 企业现有规模 | 0.104 | 1.312 | 0.191 | 1.006 | | |
| 企业成立年限 | 0.136 | 1.697 | 0.092 | 1.021 | 4.014 ** | 0.056 |
| 利用式学习 | 0.191 * | 2.409 | **0.017** | 1.015 | | |

续表

| 变量 | 标准系数 Beta | T | sig. | VIF | F | 调整后的 $R^2$ |
|---|---|---|---|---|---|---|
| 企业现有规模 | 0.153 | 2.085 | 0.039 | 1.019 | | |
| 企业成立年限 | 0.143 | 1.953 | 0.053 | 1.007 | 13.129*** | 0.193 |
| 探索式学习 | 0.416*** | 5.665 | **0.000** | 1.014 | | |

注：因变量为企业创业；*表示显著性水平小于0.05，**表示显著性水平小于0.01，***表示显著性水平小于0.001。

通过模型的 VIF 值、F 值检验，表明 4 个模型均具有意义。通过表 5—17，我们发现，以传统产业为代表的企业对利用式学习的回归方程解释了变量 30.9% 的方差变异，且 B = 0.275，显著性水平 p<0.001，而对探索式学习解释了变量 9.0% 的方差变异，且 B = 0.233，显著性水平 p<0.001，因此，以传统产业为代表的企业，利用式学习比探索式学习更有利于企业创业，假设 3c 得到验证。通过表 5—18，我们发现，以新兴产业为代表的企业对利用式学习的回归方程解释了变量 5.6% 的方差变异，且 B = 0.191，显著性水平 p<0.05，而对探索式学习解释了变量 19.3% 的方差变异，且 B = 0.416，显著性水平 p<0.001，因此，以新兴产业为代表的企业，探索式学习比利用式学习更有利于企业创业，假设 3d 得到验证。

### 六、中介效应检验

对于复杂中介效应的检验，Zhao 等（2013）提出了一套完善的 Bootstrap 法进行中介检验的流程。这一方法由美国学者 Efron 提出，并在近 30 年的发展中不断完善，近年来这一方法被国内外学者们所使用。其基本原理为：该程序会在研究样本中根据设定的抽取次数反复抽取一定数量的样本，并且以平均每次抽样的参数作为最后估计结果。近年来，该方法被认为是具有较高统计效力且能够使模型参数估计更为准确、研究的结论更加可靠的方法。

因此，本书采取 Bootstrap 法对创业学习的中介效果进行检验，采用偏差校正的非参数百分位 Bootstrap 方法分别对创业学习和两种学习方式做中介效应检验。通过在 SPSS 中安装 PROCESS 插件，并设置样本量为 5000，选择置信区间为 95%，检验结果如表 5—19 所示。

表5-19 创业学习中介效应的检验结果

| 模型 | 是否控制中介 | 作用路径 | effect | se | 95%置信区间 | |
| --- | --- | --- | --- | --- | --- | --- |
| | | | | | LICI | ULCI |
| 1 | 否 | EN→EE | 0.0649 | 0.0330 | **0.0051** | **0.1369** |
| | 是 | | 0.4587 | 0.0586 | 0.3432 | 0.5740 |
| 2 | 否 | EWN→EE（ELL） | −0.0049 | 0.0335 | **−0.0790** | **0.0604** |
| | 是 | | 0.7481 | 0.0990 | 0.5515 | 0.9448 |
| 3 | 否 | ESN→EE（ELL） | 0.0310 | 0.0206 | **0.0073** | **0.0737** |
| | 是 | | 0.5475 | 0.0793 | 0.4223 | 0.7347 |
| 4 | 否 | EWN→EE（ETL） | 0.1745 | 0.0617 | **0.0649** | **0.3096** |
| | 是 | | 0.5688 | 0.0970 | 0.3761 | 0.7614 |
| 5 | 否 | ESN→EE（ETL） | 0.0267 | 0.0235 | **0.0047** | **0.0692** |
| | 是 | | 0.5208 | 0.0786 | 0.3912 | 0.6504 |

由表5-19可以看出，模型1显示，在不控制中介的情况下（即间接效应），Sobelz=0.0649，区间（LICI=0.0051，ULCI=0.1369）不包含0，因此存在中介作用，即创业学习在创业网络和企业创业间发挥中介作用，假设4成立。模型2显示，在不控制中介的情况下，区间（LICI=−0.0790，ULCI=0.0604）包含0，因此不存在中介作用，即利用式学习在弱关系网络与企业创业间不发挥中介作用，假设4a不成立，这与前文得出的弱关系网络对利用式学习没有显著影响的结果也是吻合的。模型3显示，在不控制中介的情况下，Sobelz=0.0310，区间（LICI=0.0073，ULCI=0.0737）不包含0，因此存在中介作用，即利用式学习在强关系网络与企业创业间发挥中介作用，假设4b成立。模型4显示，在不控制中介的情况下，Sobelz=0.1745，区间（LICI=0.0649，ULCI=0.3096）不包含0，因此存在中介作用，即探索式学习在弱关系网络与企业创业间发挥中介作用，假设4c成立。模型5显示，在不控制中介的情况下，Sobelz=0.0267，区间（LICI=0.0047，ULCI=0.0692）不包含0，因此存在中介作用，即探索式学习在强关系网络与企业创业间发挥中介作用，假设4d成立。

### 七、假设检验结果

根据上述检验和分析结果，将研究的假设检验结果进行汇总，如表5-19所示。由表5-20可知，大部分假设均通过了实证检验，证实了创业网络与创业学习均对企业创业起到了积极的影响。但也有两大假设未成立，即弱关系网络对利用式学习不存在显著影响，且利用式学习在强关系网络与企业创业间不发挥中介作用。本书认为其主要原因有以下三点：第一，从理论角度，根据 Granovetter（1983）的"弱关系力量"观点，弱关系网络所搭建的"信息桥"会使企业在创业期间接触到更加多元化的信息，获取更加新颖的知识，因此企业更易开展搜索全新知识的行为，即探索式学习。第二，从现实角度，传统产业一般是以制造加工为主，以劳动密集为主要特点，其更倾向于与固定的合作伙伴构建强关系网络，而这种网络会使得企业产生"路径依赖"效益（潘松挺，2008），企业更易发生利用式学习；而新兴企业常常与新颖性、风险性和不确定性联系在一起，其倾向于与不同的背景、能力和专长的企业开展合作，且合作的频率和深度都很短，以接触到更多异质性的信息开展探索式学习。第三，从数据收集角度，本书收集的问卷中，大部分传统产业已经发展到成熟期，即已经进入以强关系的利用式学习为主导的阶段，而对于新兴产业的样本分析显示，大部分企业均选择了探索式学习。此外，本书的弱关系网络组样本数为 92 个，强关系网络组样本数为220 个，可能导致了结论的偏颇。因此，在接下来的研究中，可以加大样本数量进行进一步的分析。

同时，通过第三章的案例研究和第五章的大样本检验，本书也发现了三大变量之间的影响机制。在创业学习方式的影响方面，本书的研究结果表明，对于以传统产业为代表的企业，利用式学习更有利于企业创业，对于以新兴产业为代表的企业，探索式学习更加有利于企业创业。

表 5-20  假设检验结果汇总

| 假设 | 内容 | 检验结果 |
|---|---|---|
| 假设 1 | 创业网络正向影响企业创业 | 支持 |
| 假设 1a | 弱关系网络正向影响企业创业 | 支持 |
| 假设 1b | 强关系网络正向影响企业创业 | 支持 |
| 假设 2 | 创业网络对创业学习具有正向影响 | 支持 |
| 假设 2a | 弱关系网络对利用式学习具有正向影响 | 不支持 |
| 假设 2b | 强关系网络对利用式学习具有正向影响 | 支持 |
| 假设 2c | 弱关系网络对探索式学习具有正向影响 | 支持 |
| 假设 2d | 强关系网络对探索式学习具有正向影响 | 支持 |
| 假设 3 | 创业学习能促进企业创业 | 支持 |
| 假设 3a | 利用式学习能促进企业创业 | 支持 |

续表

| 假设 | 内容 | 检验结果 |
|---|---|---|
| 假设 3b | 探索式学习能促进企业创业 | 支持 |
| 假设 3c | 以传统产业为代表的企业，利用式学习更有利于企业创业 | 支持 |
| 假设 3d | 以新兴产业为代表的企业，探索式学习更有利于企业创业 | 支持 |
| 假设 4 | 创业学习在创业网络与企业创业间发挥中介作用 | 支持 |
| 假设 4a | 利用式学习在弱关系网络与企业创业间发挥中介作用 | 不支持 |
| 假设 4b | 利用式学习在强关系网络与企业创业间发挥中介作用 | 支持 |
| 假设 4c | 探索式学习在弱关系网络与企业创业间发挥中介作用 | 支持 |
| 假设 4d | 探索式学习在强关系网络与企业创业间发挥中介作用 | 支持 |

　　根据以上研究假设的验证结果，两种类型的企业其创业网络对企业创业影响机制的概念模型修正如图 5-3 所示。

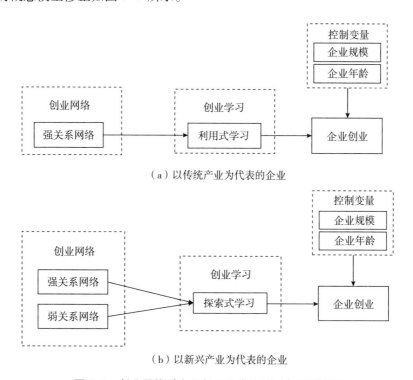

（a）以传统产业为代表的企业

（b）以新兴产业为代表的企业

**图 5-3　创业网络对企业创业影响机制概念模型修正**

# 第三节　小结

通过探索性案例研究和大样本检验，前文已经对变量之间的影响机制进行了详细的解释。本章将在对结论结果进行概括和总结的基础上，提出本章的重要发现与结论，并且得出本章存在的理论意义和实践启示，明确研究不足以及未来可能存在的研究方向。

## 一、研究结论

本章对创业网络、创业学习对企业创业的影响机制进行了分析与检验，重点对不同类型企业对创业学习的选择做了对比分析，并以案例研究的形式打开了不同类型企业创业过程的"黑箱"，本章的主要研究结论如下：

1. 创业网络积极影响企业创业，且不同阶段企业创业网络的构建机制不同

本章通过网络关系强度测量创业网络并提出其对企业创业有积极影响，实证结果表明，创业网络是企业获取资源从而开展企业创业的重要途径，且不论是强关系网络还是弱关系网络，都有利于企业创业。进一步地，强关系网络可以为企业提供更高质量的信息和复杂知识，企业在高度信任的环境下更容易获取隐性知识，弱关系网络为企业间搭建知识和信息的"桥梁"，使得企业产生更多的新观念、新方法，从而促进企业创业的开展。

同时，通过案例研究我们发现，创业网络的构建机制在不同产业类型企业和企业成长的不同阶段存在差异。具体而言，在企业发展期，以传统产业为代表的企业主要通过网络弱关系构建企业的创业网络，以新兴产业为代表的企业主要通过网络强关系构建企业的创业网络；而在企业成长期，以传统产业为代表的企业主要通过网络强关系构建企业的创业网络，以新兴产业为代表的企业主要通过网络弱关系构建企业的创业网络。因此，企业需要根据自身所处的阶段和自身的产业性质，正确地利用网络关系构建合理的创业网络，从而更加有效地开展创业。

2. 创业学习正向影响企业创业，且创业学习的效果会因企业类型的变化而改变

通过案例研究可以发现，企业通过学习活动利用创业网络实现企业创业。具体而言，企业通过学习可以使企业更加迅速地应对社会环境的变化，敏锐地发现或创造创业机会，从而进一步发生创业行为。同时，创业学习的效果会因企业类

型的变化而改变，即传统产业更适合采取利用式学习，新兴产业更适合采取探索式学习，这意味着企业可以根据自身的产业类型来采取更加有利于企业发展的学习模式。

进一步地，我们通过大样本数据分析的方式验证了探索式学习和利用式学习都有利于企业创业，但创业学习的效果会因企业类型的变化而改变，即以传统产业为代表的企业，企业开展利用式学习更有利于企业实现企业创业；对于以新兴产业为代表的企业，企业开展探索式学习更有利于企业实现企业创业。本章认为这主要是因为传统产业以劳动力密集型、制造加工为主要特点，更易发生技术改进、外观设计创新、新技术的应用等利用式学习行为；而新兴企业在发展过程中，需要获取、整合和利用大量异质性信息以满足企业的快速成长，因此，探索式学习使企业可以产生新观念新方法以顺应市场的发展，因而探索式学习具有普遍的优势（杨隽萍等，2013）。

3. 创业网络对创业学习有显著的影响，且创业网络通过创业学习对企业创业产生作用

创业学习是企业在创业过程中发生的学习行为，是一个不断获取、整合、利用、开发和探索知识的持续过程。企业的学习离不开企业的创业网络，基于网络的学习是企业获取组织边界外的知识进而实现企业创业的重要途径（Kale et al.，2000）。创业网络可以通过企业创业所需资源的获取和利用对企业创业产生直接的影响，还可以通过企业开展学习行为对企业创业产生间接的影响。本章的研究结果显示，强关系网络对探索式学习和利用式学习都有着积极的影响，并且可以通过利用式学习和探索式学习对企业创业产生影响；而弱关系网络对探索式学习有正向的影响，并通过探索式学习对企业创业产生影响。

可以认为，探索式学习是企业通过企业外部的机会和知识探索来研究新的问题，而强关系网络为企业能够提供更加精细的知识的共享，频繁的互动也更容易使企业之间产生新思想的火花，强关系网络为企业间营造的信任环境也有利于企业开展风险性高、不确定性强的活动，这些都有利于企业开展探索式学习，企业在学习的基础上开展创业活动。根据 Granovetter（1983）的"弱关系力量"观点，弱关系网络所搭建的"信息桥"会使企业在创业期间接触到更加多元化的信息，获取更加新颖的知识，因此企业更易开展搜索全新知识的行为，即探索式学习。但与此同时，强关系也意味着信息冗余度比较高，企业在与固定企业的合作中会形成"路径依赖"，企业更加倾向于获取现有的信息资源从而忽略一些新颖性的信息，因此企业更易开展利用式学习。

4. 不同类型的企业其创业网络和企业发展逻辑在不同阶段有所差异

通过案例研究还可以发现，在企业连续性创业过程中，以传统产业为代表的制造业企业在创业发展阶段，成本导向逻辑是企业创业的推动力；在企业成长阶段，基于研发驱动逻辑是企业创业的推动力。这是因为，企业在发展初期，因规模和资金的问题，企业所采取的每一项行为都是成本与收益之间的博弈，弱关系网络能够降低企业的网络成本且促进企业开展创业。当企业进入到成长期，此时企业已经初具规模，在行业内已经占据一定的市场份额，在此时通过研发新产品是建立竞争优势的有效途径之一。因此，企业可以选择并购国内外相关领域的企业，为企业引入先进的理念，输送人才，并且通过营造更加信任的环境促进企业间隐性知识的交流，即企业通过利用式学习实现企业创业。

以新兴产业为代表的互联网企业，在企业发展阶段，顾客导向逻辑是企业创业的突破口；在企业成长阶段，主动创新逻辑是企业创业的突破口。这是因为，企业初期发布的新产品可能是市场上从未出现的，因此需要不断和顾客进行交流，这不仅为企业节省了大笔产品的调研费用，而且能得到最直接有用的信息，获取合法性。随着企业的发展进入成长期，市场上已经出现大量相似的产品，仅仅改进现有的产品已经无法使企业保持竞争优势，而主动创新的产品可以使企业获得新的市场份额。此时，企业与不同组织之间的弱关系可以为企业输送大量新的理念，企业通过探索式的学习实现企业创业。

## 二、研究启示

### 1. 理论贡献

本章的研究结果支持了大部分的理论假设，证实了所构建的创业网络、创业学习对企业创业的影响机制模型。本章研究结果表明：企业创业是基于创业网络的学习过程开展企业创新的过程，构建并利用创业网络是以传统产业和新兴产业为代表的企业进行学习进而开展持续创业的重要途径。在前人的研究基础上，结合探索式案例分析和样本数据检验，本章提出了创业网络影响创业学习模式与企业创业的影响机制，其理论意义主要体现在以下四个方面：

第一，以往的创业研究主要从创业导向的视角研究企业创业（如 Covin and Slevin，1989），很少有研究把创业网络作为前因变量，检验其对创业学习和企业创业的作用。对于创业导向的研究丰富了"什么因素促进了企业开展创业行为"这一问题，但却忽视了创业网络所拥有的资源价值。本章对创业网络、创业学习与企业创业的关系和之间的影响机制进行了探索，明确了强关系网络和弱关系网络与利用式学习和探索式学习的相互对应关系，完善了现有的创业理论。

第二，已有创业网络研究（如 Barney，1991；Baum et al.，2000）主要从网络关系和网络结构的视角去刻画企业的网络特征，但从关系强度角度分别讨论强弱关系对创业学习影响的研究较少。本书首先采取探索式案例研究的方式提出创业网络影响企业开展创业的机制，发现创业网络的关系强度在不同的阶段发挥着不同性质的作用，且两种类型的创业学习方式均有利于企业创业，但创业学习的效果会因企业类型的变化而改变。其次用问卷调查收集大样本的数据来论证本书的研究假设，结论拓展了企业创业的研究视角，具有一定的理论价值。

第三，现有研究未区分不同产业类型的企业创业网络在构建与利用过程对企业创业产生的效果，因此未能建立两者间有效的勾连机制。本书在对传统产业和新兴产业区分的背景下，通过探索式的案例研究，利用网络关系强度的变化来刻画企业构建创业网络的过程。结果表明：在企业发展期，以传统产业为代表的企业主要通过网络弱关系构建企业的创业网络，以新兴产业为代表的企业主要通过网络强关系构建企业的创业网络；而在企业成长期，以传统产业为代表的企业主要通过网络强关系构建企业的创业网络，以新兴产业为代表的企业主要通过网络弱关系构建企业的创业网络。这一结果深化了网络理论在创业研究中的应用，具有一定的理论探索性。

第四，企业创业是一系列连续事件的组合，企业在不同的阶段所构建的创业网络是不同的（蔡宁等，2008；Jack et al.，2010；韩炜等，2014），但是已有研究并未解释企业创业网络在不同阶段发生变化的原因。因此，本书通过纵向案例研究，从企业创业的逻辑变化分析企业在不同阶段创业行为和结果变化的原因。结果表明：以传统产业和以新兴产业为代表的企业在发展的不同阶段，其发展逻辑的变化会导致不同的创业结果。同时，本书刻画了企业采取不同学习行为的动机和条件，解释了创业网络、创业学习对企业创业的作用机理，为创业研究提供了新的方向。

2. 实践启示

随着价值创造的复杂性与不确定性日益增加，基于创业网络的企业创业已经成为创造价值的主要模式。本书关于创业网络、创业学习与企业创业的分析，对我国企业的创业管理具有一定的实践指导意义，具体体现在以下两个方面：

第一，企业应该根据自己所处的阶段，优化与网络伙伴之间的关系。本书的研究结果表明，弱关系网络与强关系网络的构建对企业创业都有重要作用，并且两类企业在成长的不同阶段创业网络的构建方式存在一定的差异性，即以传统产业为代表的企业在发展前期应该构建弱关系网络，以尽可能低的成本获取企业发展所需的资源；在企业成长期应该与合作伙伴建立强关系网络以增加彼此之间的信任，挖掘隐藏的知识开展企业创业。而以新兴产业为代表的企业在发展前期应该通过与几个大企业构建强关系网络，通过大企业获取组织的合法性进入市场，扩大自身的规模，获取用户；在成长期企业必须跳出原有的发展思维走主动创新的道路，与不同背景、能力和专长的企业组建弱关系网络，不断研发新的产品以获得竞争优势。因此，两类企业可以根据其发展的不同阶段合理配置所需的资源，从而进一步提高企业的价值创造能力，具有较好的实践指导意义。

第二，企业应注重学习在企业创业过程中发挥的重要作用，有利于企业创业的成功。本书的研究结果表明，企业需重视创业学习是影响企业创业的重要因素，但并不是每一个重视学习的企业都能成功创业。企业应该根据自身的产业性质，动态调整企业创业学习的重心。具体而言，本书以传统产业和新兴产业为代表的企业为研究背景，分析了不同的创业网络影响不同的学习模式进而对企业创业产生影响的过程。以传统产业为代表的企业，企业开展利用式学习更有利于实现企业创业；以新兴产业为代表的企业，企业开展探索式学习更有利于实现企业创业。企业要动态调整自身的学习模式，进一步有效促进网络知识向企业创业的转化，这为企业如何根据其产业的特点选择不同的学习模式提供了参考依据，具有较好的实践指导意义。

# 第六章 政府辅助性制度工作、制度逻辑与集群升级：基于制造业平台企业的启示

产业集群升级是一个"约定俗成"的说法，并无内涵上的严格界定（吴义爽、蔡宁，2010），可以理解为"本产业链"和"跨产业链"升级两种模式。为实现这两种模式，集群演化升级的发展轨迹转变往往依赖于领先企业的技术溢出和引导（魏江等，2004；张杰等，2007）。而企业创新和集群演化升级又往往取决于所在地区政府在法律、产业政策、市场环境等方面所实施的努力（Campbell，2007）。因此，政府在产业集群升级中的作用为越来越多的学者所关注。Ahrweile（2010）探讨了政府部门在复杂社会系统创新中的作用，并将政府行为分析引入到系统创新中；Gebhardt（2013）讨论了新一代的德国创新集群，继而探讨了新的政府管理范式，即从监督者向"企业家"角色模式的转换。政府通过提供公共服务和制定公共政策，能够改善集群内的企业生产网络模式，从而有效提升集群整体竞争力。

已有研究认为，政府是产业集群演化、升级的重要催化剂，但其分析偏重于探讨政府的干预和政策如何带动集群在技术链、价值链和生产链方面的提升（王缉慈、童昕，2001），似乎暗含着创新企业的行为所引导的集群转型升级仅是经济和技术问题，并未受到政府自身的制度设计理念和原有产业发展理念逻辑（这在一定程度上也表现为产业文化、观念所引致的行为）的潜在影响，这与现实中的产业集群情境有较大出入。进一步地，本书认为，经济活动本身所遵循的理性，就是制度和理念建构的产物，处在特定场域内的企业，其在实施创新活动时，不仅要面对经营及技术难题，更面临着场域内特有制度逻辑（自上而下决定了经济活动的理性）的制约和引导（Lounsbury，2002）。因此，处于场域边缘的创新企业往往面临着制度意义的弱势，其创新活动和经营理念往往会不被场域内

其他行动者所认同，失去进一步发展的合法性，导致集群丧失升级演化的机会。在探讨政府促进产业技术发展并推动集群竞争优势形成的作用时，有必要引入"新制度主义"的这一战略和产业研究的"第三支柱"（Peng et al.，2009），以弥补传统集群理论的不足，从而更加全面和系统地考察政府产业政策制定与集群转型升级之间的理论和现实意义。

# 第一节　研究方法与数据

## 一、研究方法

第一，制度工作这一概念的引入，不仅代表着制度理论在理论分析上有所突破，也强调了研究方法的突破，即在实证研究中引入基于扎根理论的分析路径（Zietsma and Lawrence，2010）。因此，本章也将立足上述研究思路，探讨由政府所实施的特定制度工作的管理实践意义。

第二，本章采取比较案例研究的方法，这存在以下优势：一是提高研究的内部和外部效度，由于本章试图基于复制原则的案例分析，本质上借鉴了"准实验"研究的基本理念，因此需要利用案例材料来佐证或证伪在特定案例中获得的结论，这对于准确把握因果关系极有价值，从而提升了研究的内部效度；而两个案例在产业结构、企业状况等方面的差异性，则有助于强化本章研究结论的推广性，提高了研究的外部效度（托马斯·W. 李，2014）。

第三，本章的案例分析采取嵌套式案例的分析思路，即在探讨两个区域的产业转型时，采取针对某一重点案例的思路，从而实现宏观与微观同时考察的优势，这将有助于在后续讨论中整合制度逻辑和制度工作，建构新的理论和实践命题。

## 二、案例选取与数据收集

浙江省是典型的以县（市、区）为基本单位构成的集群经济。数据显示，在浙江省制造业的总量中，有一半多的份额是以产业集群的形态存在①，这在全国首屈一指，因此选取浙江省的产业集群作为研究对象，具有很强的典型性。实

----

① 数据来自 2007 年浙江经济和信息化委员会的内部检测数据。

践显示这些产业集群的发展与政府之间关系密切，如平湖光机电产业集群就是平湖市政府在20世纪90年代"招商引资"日本电产后发展起来的；杭州动漫产业集群也是杭州市政府一手培育起来的新兴产业。但是，政府部门在这一过程中到底起到了怎样的作用，仍然是一个"黑箱"。为此，我们选择了两个地区——余姚市和安吉县，并就其境内具有代表性的两大集群内产业（新材料和竹产业）的升级历程进行了探讨。本章从集群规模（Pietrobelli，1998）和集群效益（周雪光，2003）两个方面对集群阶段性进行判定，判定标准采取一个时点上两个变量同时"突变"为集群阶段划分依据。这两个产业在创新程度、技术变革、竞争激烈程度和市场发展空间等产业动态性特征方面存在明显差异，总体上，新材料产业代表了动态型新兴产业，竹产业则代表了稳定型传统产业。

为确保研究的可行性，本章采取嵌套案例方式来分析，即在探讨特定产业的升级时，加入对产业内关键企业的考察。数据收集工作自2010年5月到2014年8月，材料主要包含两地政策文本、访谈资料（包括政府官员、企业负责人）以及相关报纸、网络资料。其中，访谈采用追踪式访谈，对两个地区共分3个时期总计9次采访（2011~2014年，1年各2次，2015年补充访谈1次），两地访谈人员累计超过15人，每次访谈时间从半小时到2个小时不等。我们采用访谈资料与纸质、网络资料相互比对的"三角验证"，以确保最终信息的可靠性。在具体分析中，我们遵循了扎根理论的编码要求，采取三级编码的方式来形成政府战略定位意图的构念（Suddaby，2006；Charmaz，2006）。本章以Atlas.ti7作为计算机辅助质性研究的工具。

## 第二节 案例论述及概念形成

### 一、案例背景

#### 1. 余姚市新材料产业集群

余姚市属于浙江省传统工业强县。2011年，全市实现工业总产值2329.8亿元，其中高科技产业集群（主要包括以新材料为代表的产业集合）产值在全市工业总产值中的比重为16.8%，实现了跨产业链集群升级。而在2005年以前，在余姚整个工业体系中几乎没有新兴产业这一概念，传统产业占据了余姚市全部的产值。自余姚市政府引创关键企业宁波江丰电子材料股份有限公司（以下简称"江丰电子"）以来，在不到 10 年时间，余姚市高科技产业特别是新材料产业"从零开始"（2009 年产值 68 亿元）突破到 2012 年的 190.7 亿元（40% 以上的产值和利润增幅逐年递增）。而 2012 年以后产值和利润增幅回落到 40% 以下（见图 6-1）。在此基础上，我们将 2009 年和 2012 年作为集群发展的两个拐点，据此把集群"跨产业链"升级划分为三个阶段：2009 年以前为集群初创期，2010~2012 为集群成长期，2013 年以后为集群成熟期。

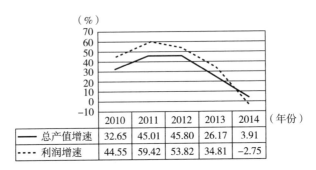

| （%） | 2010 | 2011 | 2012 | 2013 | 2014 （年份） |
|---|---|---|---|---|---|
| —— 总产值增速 | 32.65 | 45.01 | 45.80 | 26.17 | 3.91 |
| ···· 利润增速 | 44.55 | 59.42 | 53.82 | 34.81 | -2.75 |

**图 6-1　2009~2014 年余姚新材料集群产值和利润同比增速**

2. 安吉县竹产业集群

安吉位居"中国竹乡"综合排名之首，自 20 世纪 70 年代开始，安吉开始发展竹产业，经过 30 多年的发展实现了以 1.8% 的竹资源创造了全国 22% 的竹产业产值，其中竹纤维（竹产业中的一个细分行业）规模从"零"突破到 2013 年的近 6 亿元。而在 2005 年以前，以发展传统加工制造为主的生产模式（如竹凉席、竹地板），几乎占据了安吉竹产业的全部产值。自 2005 年后，安吉县政府开始推动竹产业集群转型升级，但前期效果一直不显著。2009 年后，安吉县政府将工作重点转移到区域品牌打造、推进国家（行业）标准制定，2012 年安吉县国家级区域品牌达到了 5 个，并制定国标（行标）3 项，当地竹产业集群开始发生了显著变化：集群从原来单一竹质加工制造拓展到竹纤维材料、复合竹材、竹质生物制品等战略性新兴产业方向。2012 年，安吉的立竹量、商品竹年产量、竹业年产值、竹制品年出口额、竹业经济综合实力五个指标名列中国前茅，规模以上企业达 70 家。2013 年，安吉竹产业利税增幅达到 29.92%，总产值增速达到 7.75%，竹产业集群实现了"本产业链"升级（见图 6-2）。在此基础上，我们将 2013 年作为集群发展的拐点，据此把集群"本产业链"升级划分为两个阶段：2009~2012 年为集群转型期，2013 年以后为集群成长期。

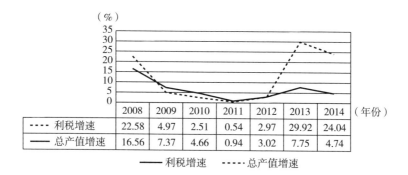

| （年份） | 2008 | 2009 | 2010 | 2011 | 2012 | 2013 | 2014 |
| --- | --- | --- | --- | --- | --- | --- | --- |
| ···· 利税增速 | 22.58 | 4.97 | 2.51 | 0.54 | 2.97 | 29.92 | 24.04 |
| —— 总产值增速 | 16.56 | 7.37 | 4.66 | 0.94 | 3.02 | 7.75 | 4.74 |

—— 利税增速    ···· 总产值增速

**图 6-2　2004~2014 年安吉竹集群产值和利税同比增速分析**

为什么能在余姚发展出"跨产业链"的新材料产业集群，安吉竹产业集群又是如何实现"本产业链"转型升级的？两地产业发展的背后逻辑是什么？这是本章关注的重点。换言之，两地政府在这一过程中，制定政策措施时各自遵循了怎样的意图，又分别有怎样的投入"努力"，"努力"的结果是如何突破各自集群内"原有逻辑"的？下文将论述两地政府扶持特定产业的成功可能并不是源于全面铺开式地投入资金给关键厂商，或者引入公认的高科技企业巨头；相反，其在"制度"的角度实现相应的扶持和突破，为潜在的、具有发展空间的创新企业打开了可能的出路。因此，我们从制度工作的两个方面"意图"和"努力"，来探究两地产业集群成功的内在机理。

**二、两地政府制度工作分析：战略意图**

根据部分制度经济学家的基本判断，深入剖析地方政府的实际运作情形，可以发现，新制度主义所蕴含的基本判断，在描述中国地方政府在经济领域的行为逻辑时，具有更为明显的优势，其基于组织"脱耦""模仿"等角度而形成的关于组织意图的机制性分析，至少对以下三个方面的问题有着显著的解释力：一是基模型意图，大部分地方政府都会在形式上遵循上级政府的政策精神，不管其是否符合自身所处的情形。二是情境型意图，大部分地方政府会根据自身的实际情况制定能够"套"进上级文件精神的经济或者产业政策。三是预设型意图，地方政府往往会采取边缘性的、增量式的经济创新行为，但一旦某种创新被上级认可，其被模仿、复制的速度就会非常快（周雪光，2003）。在现实中，地方政府的行为逻辑往往是上述三种意图的混合体。

1. 基模型意图

基模型意图有助于理解两地政府发展产业集群的背后逻辑。自 20 世纪 90 年代以来，每年政府招商引资的"绩效"，一直都是上级政府考察地方政府的重要政绩指标（早年主要考察每年引进资金总量），因此，各级政府负责人在招商引资上都"不遗余力"。随着工业经济的快速发展，全省土地资源的日趋紧张，环保压力日趋严峻，迫使各级政府从"招商引资"逐渐转向"招商选资"，上级政府对下级政府的招商引资"绩效"考核逐渐从引进资金总量转向"亩均投资强度"。那么，选择什么样的项目、怎么选择成为地方政府的重要议题。随后，那些污染小、投资强度大、技术含量高的高新技术产业逐渐开始成为各级政府招商引资的首选。

2009 年，自时任总理温家宝提出"战略性新兴产业的概念"以来，中央各部委、省级政府在政策实施过程中纷纷推出各项政策①。"压力体制下"的下级地方政府开始"殚思竭虑"地推出各种施政策略，以浙江省为例：11 个地级市都相继推出了各自鼓励战略性新兴产业发展的政策，下属 90 个县（市）纷纷以"一地一场景""一企业一政策""一政策一政府"的方式发展战略性新型产业，一时之间战略性新兴产业开始星罗棋布般地在各个工业园区散落开来，为我们展现了具体真实且丰富多面的政府运作过程。

在这两大背景下，余姚发展新材料产业集群和安吉推动竹产业集群转型升级的行动意图，就是两地政府遵循上级政府的政策精神即基模型意图的体现。

2. 情境型意图

在体会上级政府政策导向后，两地政府根据自身的实际情况，制定能够"套"进上级文件精神的产业政策，充分表现了其情境型战略意图。为推动战略性新兴产业发展，余姚采用的是"跨产业链"模式发展，即引培新兴产业集群；安吉采用的是"本产业链"模式发展，即升级传统产业集群。

首先，两地都非常重视根据自身实际情况开展产业"布局"，试图去发现自身与周边地区间的结构性优势，并合理选择适当的产业来发展。来自当地主管经贸的同志的两段话最能体现这一特点。

在谈及为什么引进和培育新兴产业以"跨产业链"的模式推动战略性新兴产业发展时，余姚主管经贸的同志说："余姚传统支柱性产业与周边地区相比存在不小的差距……相比 CX 市我们的家电企业在规模等方面并不占优势；相比 SY

---

① 2009 年后浙江省政府发布了一系列文件，如 2011 年《中共浙江省委浙江省人民政府关于加快培育发展战略性新兴产业的实施意见》文件出台，同年浙江省经济和信息化委员会，根据浙江实际编制了《浙江省战略性新兴产业重大关键共性技术导向目录（2011 年）》；2012 年 5 月 20 日，浙江省财政厅出台《关于印发浙江省战略性新兴产业财政专项资金管理暂行办法的通知》等。

市的土地优惠政策，我们发展大型化纤等产业也不占优势……，相比而言，新材料等的发展可能是比较合适的……"（访谈记录20120713）

在谈及为什么选择传统产业"本产业链"的模式转型升级推动战略性新兴产业发展时，安吉主管经贸的同志说："竹产业是我们安吉县优势产业，如全国十大竹乡之首，很深的竹文化……周边省份，如J省的企业，往往是我们前脚出来一个产品，他们后脚就跟上……这样就导致我们的企业没有办法突破低端、低价的困境，特别是金融危机后，外贸困难，转型升级压力就更加明显了……但你不要小看竹产业，竹子全身是宝，竹叶可以提取竹叶黄酮，属于生物制药领域，竹还可以提取竹纤维，是一种高档的纺织新材料，这些可都是国家鼓励的战略性新兴产业啊。"（访谈记录20110708）

其次，根据自身情况，衡定战略性新兴产业发展的突破口，推出了相关产业规划和政策（见表6-1）。从表6-1中可见两个基本情况：一是战略性新兴产业发展目标明确（目标具体数字化）；二是两地具体政策导向都偏重于对龙头企业和企业创新的扶持。从两地政府最初的（2009年与2010年）政策文本出发，可以看到两地政府遵循了共同的行为范式，政府事实上将自身作为一类经济行动者来活动（Gebhardt，2013），这与Walder（1995）等所描述的"厂商"模型的基本理念一致。

表6-1　两地关于新兴产业的基本政策设计概览

|  | 余姚（新材料产业） | 安吉（竹产业） |
| --- | --- | --- |
| 战略目标 | 2015年，新材料产业总产值突破250亿元；规模以上企业达100家，年销售额超50亿元、20亿~50亿元、10亿~20亿元、5亿~10亿元的企业分别达1家、1家、2家、6家（2009年） | 2015年，竹产业集群总产值达到200亿元，年销售收入超10亿元、5亿元、1亿元的企业分别达到2家、5家、20家（2010年） |
| 预期具体产业政策 | 强化新材料相关产业的空间布局；<br>重点安排科研攻关项目；<br>扶持龙头企业；<br>财政、金融等多方面补助龙头企业；<br>强化信息、中介、公共服务各方面的平台建设 | 强化传统产业转型升级；<br>注重行业标准和品牌建设；<br>扶持龙头企业；<br>财政奖励企业创新；<br>人才、金融、技术方面的保障性支持措施 |

3. 预设型意图

由于重视规划和计划的制定和落实，两地政府都试图以增量式增长导向推动产业发展，就两地产业规划就其本质而言，遵循了战略管理流派中定位学派的基本思路（亨利·明茨伯格，2006）。通过扎根理论初始编码、轴心编码与概念范畴化运用的基础上形成研究逻辑，我们发现两地政府为实现其预设型意图，主要采用两个关键的政策导向：创新能力培育导向和龙头企业培育导向。本章的编码策略主要参考了 Battilana（2011）的工作，过程如下：首先，将所有可用于编码的资料进行汇总和处理；其次，由两名研究者对初始资料各自进行编码，其中编码者的内部一致性为 0.92，达到标准水平（Landis and Koch，1977）；最后，在此基础上，我们对出现分歧的编码项进行讨论以求达成共识，并邀请另一位企业管理专业的博士研究生对特定分歧进行共同分析，最终形成一级编码。

（1）初始编码。通过对材料（如政府工作报告中的原文、特定访谈）中每一个字小心分析后形成原生代码。在此过程中建构出与政府战略意图（发展战略性新兴产业）相关的类别，并进行编码（余姚共产生 156 个、安吉共产生 132 个与研究主题相关的编码，真实编码范例见图 6-3）。

（2）轴心编码。采用轴心编码的方法重新分类、综合和排列（Creswell，1998），在这过程中笔者将多项同义概念进行合并（此处以余姚为例，安吉也采用同样的步骤），如将"设备引进""生产线改造"等扶持归纳为企业技改扶持；将"土地""用电""用水""用能"等概括为要素政策扶持；将"物流""商贸""电子商务""专业市场"等解释为生产性服务平台；将"姚江英才计划""引才引智渠道"等引进政策总括为海外高层次人才引进；将"产业基金扶持""创业种子基金扶持""贴息补助""人才创业服务"等总结为创新人才集聚政策。将 156 个开放式编码中产生的真实类别，依据其性质属性，归纳成 21 个"战略意图"的主要类别（见表 6-2）。

表 6-2　余姚市政府战略意图主要类别

| 编号 | 群组类别 | 编号 | 群组类别 | 编号 | 群组类别 |
|---|---|---|---|---|---|
| 1 | G. 传统产业大企业培育 | 8 | G. R&D 投入扶持 | 15 | G. 生产性服务业平台 |
| 2 | G. 新兴产业大企业培育 | 9 | G. 制度创新 | 16 | G. 科创平台 |
| 3 | G. 一企一策政策 | 10 | G. 企业技改扶持 | 17 | G. 海外高层次人才引进 |
| 4 | G. 企业上市扶持 | 11 | G. 产业基地平台 | 18 | G. 校地人才对接 |
| 5 | G. 要素政策扶持 | 12 | G. 两化融合平台 | 19 | G. 特色产业人才培育 |
| 6 | G. 专利和知识产权保护 | 13 | G. 投融资平台 | 20 | G. 创新人才集聚政策 |
| 7 | G. 实施品牌战略 | 14 | G. 产学研平台 | 21 | G. 人才招商政策 |

（3）概念范畴化。在概念范畴化的过程中，于第二阶段的主轴编码中再将此 21 个主要类别分别采用轴心编码的方法重新分类、综合和排列，在这一过程

中笔者将多项同义维度进行合并，分别归属到四个群组类，分别为：S. 技术研发支持、S. 创新平台建设、S. 人才政策、S. 重点企业扶持。并与安吉归属的四个群组类进行二次概念范畴化，形成两个主范畴：创新能力培育导向和龙头企业培育导向。

### 三、产业集群和政府的制度逻辑分析

1. 集群市场的制度逻辑分析

中国地方政府在制定发展战略时会"绞尽脑汁"。但现实情况是，绝大多数的政府"战略意图"制定得非常详尽，但实际执行困扰重重，导致这些优秀的战略意图习惯性"流产"。其根本原因是，产业发展主导性传统制度逻辑往往会束缚新的"战略意图"，导致大量政府制度工作难以获得集群内个体的接受，从而使得工作无法顺利展开。但从余姚和安吉两地的产业集群发展成功实践来看，政府的"战略意图"获得了认可，集群内企业得到了快速发展，产业集群整体竞争力得到了巨大提升。需要指出的是，两地各自在产业集群初始发展阶段也受到主导性传统市场制度逻辑的囚牢式困境。

（1）余姚新材料产业集群：新兴产业集群的大城市偏好市场逻辑困境。

困境 1：新兴产业发展需要高端人才和产业人才。相比上海、杭州等大城市，余姚市在吸纳创新型企业方面存在着天然的劣势：一是高端人才市场不发达。高端人才大多集聚在大城市，这是中国经济社会均衡发展所面临的共同困境，地方县（市）根本无法在这方面和大城市进行竞争。二是产业基础差导致产业人才短缺。以传统经济作为支柱的地方县（市），本身并不具备新兴产业发展所需要的关联企业和产业基础，这导致产业人才尤为缺乏。

困境 2：新兴产业发展孵化成本高、投入周期长。创新型高科技产业的特点是高投入、高风险和潜在的高回报，并且周期比较长，相比北京、上海等大城市，地方县（市）在要素资源支持方面"先天不足"：一是政府"孵化"资金不足，在高新技术企业发展初期，大城市的创业园往往会提供很多类型的"孵化基金"，而县级市政府却很难保证资金的充裕程度。二是政府长期在要素资源投入方面"捉襟见肘"，如土地方面，成长期的高新技术企业往往在土地方面需求量很大，而地方县（市）政府（这些大都集中在沿海省份）留给工业用地的指标非常少。

（2）安吉竹产业集群：传统产业集群的"短视性"市场逻辑困境。

困境 1：传统产业利润高于声誉。事实上，经过 30 多年的经济发展，中国作为"世界工厂"的地位已经不可动摇，传统产业是"世界工厂"的重要组成，

其生产的产品质量是"世界一流",但价格是"全球最低"。产品可以说是"物廉价美",但产业内企业却是"有品无牌",造成这一困境的根本原因是企业长期"接单式"的生存模式,把重心放在追求利润上,而忽略或者不愿意去营造自己的产品声誉和品牌。

困境2:传统产业成本优于技术。作为"世界工厂"的另外一个结果是,传统产业内企业会被"接单式"生存模式培养出行为"惯性",即重点考虑如何降低生产要素成本,如减少人工成本、减少土地租金等(所以大量企业特别重视购置新自动化设备,东部地区土地成本高了就往西部地区迁移),而忽略了从产品技术创新本身突破去寻找新的契机。

2. 政府工作的制度逻辑分析

从现实情况来看,浙江绝大多数地方政府的产业发展政策大同小异。自上而下推行的培育发展战略性新兴产业,虽然被各地政府所重视,但在政策执行过程中往往是"雷声大雨点小",效果甚微。本书认为,这并不是政府不够"努力",而是政府在引进或培育新兴产业时,也受到了主导性传统逻辑的囚牢式困境。

(1)政府招商偏好"项目"招商:引进新兴产业的逻辑困境。

招商引资一直都是中国地方政府发展经济的重要途径。但受上级政府考核的导向影响,政府招商一般偏好"大项目",关注重点在于"投资金额"的大小项目效益的好坏等,"优质项目"会流向开出价码优惠、区位条件好的大城市。大量县(市)一级的地方政府,只能招到"污染高、占地广"的一般项目。

(2)政府政策偏好"企业导向":培育新兴产业的逻辑困境。

推动传统产业向战略性新兴产业的"跨产业链"转型,一直是地方政府所"热衷"的工作。受制于"惯性思维",政府在对待传统产业集群升级时习惯性采用"企业导向"的政策偏好。例如,政府技改政策,只有符合技改政策条例的企业才能得到补助;再如,政府品牌扶持政策,也是政府规定品牌认定的政策扶持范围,企业申报品牌成功后方能得到补助。结果是,企业为了获取政策补贴而做了很多表面工作,企业本身没有从根本上得到改变,政策效果甚微。

以上囚牢式困境是地方政府在推动产业发展时政策意图难以落实的关键阻力。因此,要突破产业集群发展的制度逻辑,首先是政府自身需要"去制度化"。事实表明,创新能力和龙头企业培育导向的政府政策并不是余姚和安吉所独有的,但两地政府为什么能取得成功?笔者在整理两地政府制度工作时发现,余姚市政府的"人才招商"政策是一项政府制度的创新,目前很少在其他政府实践中听闻;而安吉县政府通过"区域品牌+标准制定"的"组合拳"制度结合产业发展时面临的"低技术门槛"而设置的一系列"制度性障碍"，相比其他地区所偏好采取单维度政策策略也是一项重要的创新。但两地政府是如何通过这些"特色制度工作"突破制约集群发展的两种逻辑困境？以上"战略意图"分析仍然让人"意犹未尽"。上述情况透露出一个暗示，即传统产业研究中"执果索因"的政策分析模式，往往缺乏根本性的解释力。换言之，仅仅从地方政府政策的文本性材料来判断一地产业升级中的政府作用，即使不是完全无效，基本上也无法给出让人满意的答案。因此，有必要沿着这些文本内涵的基本制度模板去探究其所引致的政府实践"努力"与工作模式的细微差异，从而揭示地方政府促成其所处地区新产业集群成功的真正潜在机理。下文将添加与制度工作研究相对应的个体研究视角（以选取两地这 5~10 年来的产业升级的典型案例），以期能"窥一斑而知全豹"（见图 6-3）。

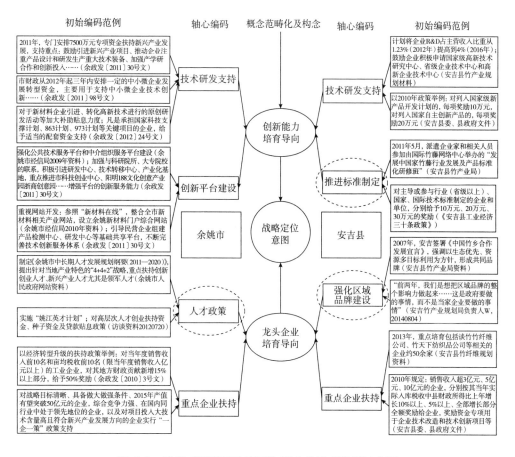

**图 6-3　政府"战略定位意图"概念的形成编码示意图**

### 四、两地政府制度工作分析：定点式扶持的"努力"

1. 案例分析

本章以两地新创的两家高科技企业的成功案例为主线，论述政府的相关制度性工作的"努力"对两家企业突破传统制度逻辑的障碍、促成新兴产业的形成起到的积极作用（见表6-3）。

表6-3 典型企业基本信息

| 企业名称 | 宁波江丰电子材料股份有限公司 | 和也健康科技有限公司 |
|---|---|---|
| 书中简称 | 江丰电子 | 和也科技 |
| 成立时间 | 2005 年 | 2010 年 |
| 所处行业 | 新材料（半导体） | 纺织（竹产业中竹纤维行业） |
| 主要产品 | 溅射靶材、太阳能电子用 PVD（高端物理气相沉积工艺）材料 | 保健功能寝具产品、功能纺织品 |
| 主要客户 | 海外大型半导体企业（如日本富士通、东芝、Intel、IBM 等） | 一般大众 |
| 人才构成 | 3 位国家重点人才计划专家 4 位省级重点人才计划专家 | 1 位国家重点人才计划专家；10 余位博士 |
| 成长历程 | 年产量：不到 1 万块到 5 万块靶材；销售额：前 6 年平均 100% 增长 | 销售额：2011 年 3031 万元；2012 年 8535 万元；2013 年 1.5 亿元 |
| 规模（2014 年） | 注册资本：1.6407 亿元；项目总投资额：累计超过 5 亿元 | 注册资本：5000 万元 |

（1）案例1：政府"努力"、江丰电子阶梯式成长与集群"跨产业链"升级。宁波江丰电子材料有限公司于 2005 年在余姚市高新技术开发区成立；2008年，企业获得"国家级高新技术企业"称号，其在材料科学中的重大突破，使得我国成为全球除美日外第三个可以制造溅射靶材的国家。在政府"努力"与公司"努力"下，其发展主要经历了以下三个阶段：

第一阶段，组织创设阶段（2005～2008 年）。为解决新材料产业"高端人才"缺乏的问题，2005 年在时任余姚市市长王永康的引荐下姚力军博士带着另外 6 位创业团队人员回国创立了江丰电子[①]。在这期间，为推动江丰电子的发展，余姚市政府"努力"协调各方面，如为江丰电子提供了一部分初始资金（引导当地民营资本投资），并为其提供了基本的空间（高新区的土地厂房）。2005 年 10 月，江丰电子成功制造出第一块国产溅射靶材，并在两年内逐步实现溅射靶材的量产，开始开拓海内外市场，但总是因美国和日本等跨国公司的市场垄断而遭遇各类困难。特别地，2007 年底，公司原先的大股东撤资，导致企业资金匮乏；2008 年受全球金融危机影响，市场的萎缩又使得江丰电子面临了前所未有的挑战，面临了被海外竞争对手收购的风险。为挽救江丰电子，余姚市政府"努力"尝试帮其引介各类风投（见表 6-4），确保了江丰电子资金链的完整，并由此改组了企业的治理架构。

第二阶段，组织成长阶段（2009~2012 年）。2009~2010 年，江丰电子通过技术突破成功进行了产品的二次创新实现了产业化，期间新产品开始向"中芯国际"供货。2011 年 3 月，日本关东地区的大地震以及随之引发的海啸，导致全球半导体行业发生巨大震荡，直接促成了新兴材料供不应求的局面，江丰电子由此迅速打开了海外市场，并获得了包括富士通、东芝等在内的国际大型客户的销售渠道。在这期间，江丰电子开始"井喷式"发展，规模迅速扩大，对厂房扩建等的需求越来越迫切，余姚市政府多次"努力"向浙江省国土厅申报新增工业用地，满足了江丰电子企业用地需求。同时，在余姚市政府的帮助下，江丰电子开始组建自己的专家团队，并吸纳了更多的人才（见表 6-4）。

第三阶段，组织上升阶段，实现了"跨产业链"升级（2013 年至今）。2013 年，政府借鉴了江丰电子的发展经验，开创了"先引人，后引项目"的招商思路，根据"人才是科技发展的第一要素"提出了向世界范围内吸引行业领导人才的设想，并出台了一系列人才政策。政府还接受了姚力军博士的建议，成立了余姚人才创业园，以期引进一流的创业型专家人才。与之配套地，余姚市特别提出了"先发展，再回购"的园区招商思路，并针对性地采用"以智引智"的方式，以姚博士为"招商大使"，借助其在行业中的影响力和网络关系，吸引了大批人才和项目。在余姚市政府的帮助下，江丰电子也快速与国内大型国企和研究所展开合作，如与中国科学院宁波材料技术与工程研究所，与上海和北京地区的集成电路和平板显示器供应企业洽谈相关技术开发、人才联合培养等合作事项。

---

① 余姚市时任市长王永康访问日本，与在美国霍尼韦尔日本工厂担任总经理的姚力军博士建立了密切联系。此后，姚博士在综合考量了余姚的地理、人文、产业基础，以及"乡情"（姚博士本身就是宁波人）后，决定赴余姚创业。

与此同时，政府培育和引进了一批又一批的新材料产业人才，解决了新兴产业人才短缺问题，推进了集群的外部网络的构建。

**表 6-4　江丰电子发展历程与政府扶持的典型证据**

| 企业阶段 | 时间 | 政府"努力"证据 | 企业"努力"证据 | 战略意图 | 市场逻辑 | 集群演化 | 集群阶段 |
|---|---|---|---|---|---|---|---|
| 创设阶段 | 2004 年 | 时任余姚市市长王永康访问日本，并与企业创始人姚力军博士建立联结关系 | 姚博士返回余姚考察投资环境 | 龙头企业培育导向 | 突破困境 1：高端人才 | 新材料成为集群转型的新方向 | 初创期 |
| | 2005 年 | 王永康协调余姚市政府部门与姚博士达成投资意向 | 姚博士说服另外 6 名专家，组成创业团队 | | | 集群高端人才引入 | |
| | 2005 年 | 提供高新区的土地厂房 | 姚博士回国创立了江丰电子 | | 突破困境 2：孵化成本高 | 集群内成立了第一家企业 | |
| | 2005 年 | 引导当地民营资本投资，解决原始资金来源 | | | | | |
| | 2005 年 | 国家 863 计划引导项目 | 创新成功：制造出第一块国产溅射靶材 | | | 集群内的重大技术突破 | |
| | 2005 年 | 余姚市配套 863 计划引导项目经费 | | 创新能力培育导向 | | | |
| | 2008 年 | 余姚市政府为企业筹集到 300 万元贷款 | | | | | |
| 转型阶段 | 2009 年 | 国家 863 重大专项支助 | 二次创新成功：超大规模集成电路制造用溅射靶材等 | | | 集群内的重大技术突破，并迅速产业化 | 成长期 |
| | 2009 年 | 宁波市政府和余姚市政府 1：1 进行资金配套 | | | | | |
| | 2009~2011 年 | 提供扩产的土地厂房 | 打开海外市场 | 龙头企业培育导向 | | | |
| | 2009 年和 2011 年 | 余姚市政府积极推荐江丰电子的姚博士和潘博士入选国家重点人才计划 | 扩充专家团队 | | 突破困境 1：产业人才 | 集群高端人才培养 | |

续表

| 企业阶段 | 时间 | 政府"努力"证据 | 企业"努力"证据 | 战略意图 | 市场逻辑 | 集群演化 | 集群阶段 |
|---|---|---|---|---|---|---|---|
| 成长阶段 | 2012 年 | 余姚市政府出台一系列人才政策 | 姚博士用自己在行业中的影响力和网络关系帮助政府招"人才" | 龙头企业培育导向 | 突破困境 1：产业人才 | 集群产业人才引进 | 成长期 |
| | 2012 年 | 余姚市政府成立人才创业园 | 江丰电子开始利用这次机会，布局关联企业 | | | 集群人才战略形成（龙头企业培育） | |
| | 2012~2014 年 | 余姚市促进 58 各项目签约，其中已有 36 个项目落地 | 和政府一起帮助落地项目产业化 | | | 集群产业人才网络形成（龙头企业培育） | |
| | 2011~2014 年 | 余姚市总共投入 1 亿多元和大量土地厂房等基础设施以创建园区 | 产业链相关的布局基本完成 | 创新能力培育导向 | 突破困境 2：投入周期长 | 新材料关联企业开始在余姚集聚 | 成熟期 |
| | 2012~2014 年 | 余姚市政府提供平台和政策优惠（百强企业计划、新兴产业特色基地建设等） | | | | 集群产业链网络形成 | |
| | 2012~2014 年 | 余姚市帮助江丰电子推进与宁波、上海、北京等地的研究机构合作 | 企业外部网络拓展 | | | 集群"外智"引入，人才培养体系形成 | |
| 概念建构 | | 突破政府逻辑 | 企业创新 | 突破集群逻辑 | | 集群"跨产业链"升级 | |

（2）案例2：政府"努力"、和也科技跳板式成长与集群"本产业链"升级。相比江丰电子的"以点带面"推动产业升级，和也科技①则是借助政府推广区域品牌的契机，逐步培育顾客对自身的品牌忠诚度，而类似和也科技的一系列企业活动，反过来又推动了产业集群的逐步升级。其发展大致经历了以下两个

---

①　和也健康科技有限公司成立于 2010 年，尽管创立时间较短，但该公司已经是一家掌握了核心技术、知识产权、品牌渠道，集生物纳米纤维及其纤维制品、保健功能纺织品的研发、生产、销售于一体的科技型实体企业。截至 2014 年 8 月，该公司共申请并获得专利 120 余项，其中发明专利有 2 项。

阶段：

第一阶段，组织初创阶段（2010～2011年）。2010年7月，受安吉县政府"竹文化"宣传的影响，和也科技司创始人胡立江博士带着他的团队（3位博士）从日本回到安吉进行创业，并且入驻安吉县内的健康产业园区①。创业初期，和也科技虽然有技术，但大多时候也依靠"接单"来生存。而这时，政府的大量制度政策，帮助和也科技从传统型企业向创新型企业的发展模式转型，如安吉县政府鼓励企业科技创新的政策（主要涉及研发补助及税收减免等，见表6-5），又如区域品牌打造政策，成功塑造的"安吉竹"区域品牌具有很强的行业引领性（具体举措见表6-5）。这些工作，使得安吉县政府在集群中所扮演的中心角色是不可替代的，承担的任务是异质的，成为集群演化中的关键点。在安吉县政府区域品牌创建的带动下，整个竹产业行业领域都掀起了"创牌"热潮。2010～2012年，安吉竹产业"创牌"数量超过了历年的总和。此时，竹产业中竹纤维行业也在同一时期获得APEC项目的支持，世界知识产权组织在"国际知识产权和品牌建设会议"中也对安吉竹纤维行业发展做出了肯定。区域品牌的打响，让和也科技意识到创建企业品牌的重要"良机"，并参与到区域品牌创建过程中，因此安吉县政府在各种场合和推介会上开始帮助宣传类似和也科技这样的高科技、高成长性的竹产业企业及其产品。而"借力"安吉区域品牌"跳板"，和也科技也开始逐渐创立了自己的企业品牌，并从生产加工型企业向品牌营销企业转型。

**表6-5 和也科技发展历程与政府扶持的典型证据**

| 企业阶段 | 时间 | 政府"努力" | 企业"努力" | 战略意图 | 市场逻辑 | 集群演化 | 集群阶段 |
|---|---|---|---|---|---|---|---|
| 初创阶段 | 2005～2010年 | 安吉县政府以"绿色、健康"为理念，大力宣传"竹文化" | 胡立江博士说服另外3名博士到安吉创业 | 龙头企业培育导向 | 突破困境1：利润高于声誉 | 竹纤维成为竹产业升级的方向 | 初创期 |

---

① 胡立江博士当时的创业团队主要有两项核心技术：一是竹纤维材料制造技术，二是功能性材料技术，都与安吉竹产业密切相关，这也是胡博士选择在安吉创业的根本原因。正如胡博士所说，企业办在安吉主要是看中安吉竹文化背后的软实力（访谈资料20140805）。此外，安吉县政府帮助其与当地一家大企业合作也是重要原因之一。

续表

| 企业阶段 | 时间 | 政府"努力" | 企业"努力" | 战略意图 | 市场逻辑 | 集群演化 | 集群阶段 |
|---|---|---|---|---|---|---|---|
| 初创阶段 | 2010~2011年 | 向全社会公开征集"安吉竹"的LOGO | 和也科技等集群企业有了品牌意识，创建企业品牌 | 龙头企业培育导向 | 突破困境1：利润高于声誉 | 安吉竹产业区域品牌成功塑造，集群企业从生产加工型开始向品牌营销型升级 | 初创期 |
| | 2010~2011年 | 在新浪等媒体中推出"安吉竹"板块 | | | | | |
| | 2010~2011年 | 成立全国首个竹产业发展局 | | | | | |
| | 2010~2011年 | 成立第一个竹产业保护知识产权政府领导小组 | | | | | |
| | 2010~2011年 | "全竹家具"概念推出 | | | | | |
| | 2010~2011年 | 凡在全竹家具的范畴，安吉县政府在各类展销会进行补贴 | | | | | |
| | 2010~2011年 | 政府向媒体和公众推介竹产业的高科技企业 | | | | | |
| | 2011年 | "安吉竹纤维"集体商标海外注册 | | | | | |
| | 2010年 | 安吉县政府帮助企业申报高新技术企业 | 和也科技技术研发能力提升 | 创新能力培育导向 | 突破困境2：成本优于技术 | 集群创新能力培育 | |
| | 2010年 | 安吉县政府（安吉科技局和安吉竹产业发展局）补贴研发投入的40% | | | | | |

续表

| 企业阶段 | 时间 | 政府"努力" | 企业"努力" | 战略意图 | 市场逻辑 | 集群演化 | 集群阶段 |
|---|---|---|---|---|---|---|---|
| 上升阶段 | 2012年 | 安吉县政府推进企业制定了竹地板行业标准1项 | 和也科技技术创新人才培养 | | | 集群创新能力培育 | 初创期 |
| | 2013年 | 安吉县政府积极推荐和也科技的王博士入选国家重点人才计划 | 和也科技等多家企业通过参与标准制定增强了技术创新能力 | 创新能力培育导向 | 突破困境2：成本优于技术 | 集群企业技术创新能力提升，集群掌控行业话语权 | 成长期 |
| | 2013年 | 安吉县政府推进企业制定了竹家具国家标准1项 | | | | | |
| | 2013年 | 安吉县工商局针对品牌建设起草制定了《关于加快推进竹产业品牌建设的实施意见》 | | | | | |
| | 2013年 | 安吉县质监局制定了对主导和参与国家标准和行业标准制定企业的奖励 | | | | | |
| | 2015年 | 安吉县政府推进企业制定了竹纤维国家标准1项 | | | | | |
| 概念建构 | | 突破政府逻辑 | 企业创新 | | 突破集群逻辑 | 集群"本产业链"升级 | |

第二阶段，组织上升阶段，实现"本产业链"升级（2012年至今）。实践表明，当企业产品和服务创新与其他利益相关者间缺乏潜在共识时，要推动其实现差异化往往是困难的。因此，需要有一定的潜在话语权和合法性，来帮助企业创新获得必要支持（Phillips et al.，2004），专利申请自然成为企业的首选[①]。随着和也科技知名度的提升[②]，作为公司大股东的董事长方志财也开始被认为是中国健康产业的重要代表。在这一期间，安吉县政府则通过"努力"鼓励行业企业

---

① 和也科技官网显示，2010~2013年其持续在功能性纤维材料方面做出重大突破，取得了11项国内专利、3项国际专利。

② 在这期间和也科技先后获得"中国保健品公信力产品"与"中国保健品公信力品牌"的称号，并在政府帮助下被中央电视台、《光明日报》等媒体关注和报道。

制定各类竹产品的国家（行业）标准来推动集群内龙头企业发展，并以标准化嵌入于由企业、公共机构所组成的关系网络中，与相关组织形成众多变化的关系（朱嘉红、邬爱其，2004）。例如，政府主导下的竹地板（行标）、竹家具（国标）的陆续制定，帮助安吉制定标准的企业迅速在行业内确立话语权，这启发了和也科技。此后，和也科技迅速参与起草和主导修订多项与之相关的国家行业标准，如中国首个《保健寝具》企业标准（Q/ZHY01-2012），逐步掌握了整个行业内的话语权①。更为重要的是，通过标准制定的"跳板"，和也科技的产品品牌影响力更为突出，也让企业获得了更多的利润（和也科技的产品价格已是同类产品的 1.5~2 倍，其高端产品甚至可以达到 10 倍以上）。

**五、主要发现**

两地政府的相关举措，分别从微观层次和宏观层次促成了两个企业对于相关产业内潜在的制度性"惯例"和"稳态"的打破（Battilana，2011），进而为更大范围内的产业升级扫除了潜在的障碍。

1. 余姚新材料集群的"阶段性"制度设计：激活微观主体

余姚市的相关措施都涉及当产业发展面临具体困境时，为其提供制度性便利。从制度工作设计的视角看，当地政府为江丰电子的成长提供了很好的"外生性"的辅助。换言之，政府在制度意义上为集群企业激活自身的活力提供必要的支持。仔细分析集群阶段性特征可以发现，当地政府通过"人才招商"打破影响自身行为的制度逻辑困境，推动新产业内制度逻辑束缚的瓦解以及集群新业态的形成。

（1）集群初创期。为解决产业研发成本高、投入周期长的制度约束，余姚市政府将工作重点放在提供土地、资金、基础厂房建设等要素的"外部性实践工作"支持上，并积极努力提升组织的"合法性"，如在新材料集群创设阶段时任余姚市市长王永康"亲自出马"引进姚力军博士，政府协助重大技术突破提高企业行业影响力等。进一步地，政府的实践工作都从产业发展要素层次开展了辅助性的"制度工作"。此时，政府作为集群外部的关键经济行动者，围绕"高端人才"引进、创业开展了大量的辅助性制度工作，打破了"项目招商"的逻辑困境，从而引导了集群内企业的发展轨迹。这种"政府搭台，企业

---

①　2014 年笔者在安吉县政府工作人员陪同下对和也科技进行第三次调研时，意外发现其在竹纤维材料方面的新技术及专家储备实力已属国内一流。笔者当场促成了和也科技和安吉县政府在推进竹纤维国标制定的合作，并于 2015 年成功完成标准制定。

唱戏"的发展模式催生出了以江丰电子为核心的集群网络雏形（见表 6-5、图 6-4）。

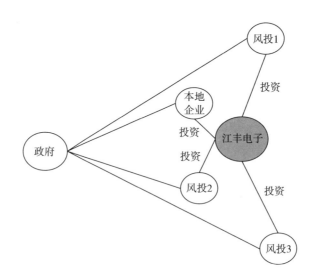

图 6-4　集群初创期网络形成（2004~2008 年）

（2）集群成长期。为解决新兴产业的高端人才和产业人才紧缺困境，余姚市主动打破了原有的"项目"招商思路，以"人才"作为招商突破口，通过"内部性实践工作"协调和扶持，如在余姚人才创业园中实施"以智引智"招商策略，成功推进了集群的快速发展。同时，政府通过产业基地的打造，集群外智引入和产业人才培养体系建立（推出了一系列产业专项资金如对引进人才项目重点提供土地、资金等支持）等"努力"促进了集群内企业"组织认同感"的提升，为新材料集群集聚了大量创新创业企业，并成功激活了与新材料产业相关的一系列微观主体，推动了产业的"跨产业链"升级。借助于余姚市政府提供的利好机会，江丰电子通过集群内知识转移与扩散（Child and Faulkner，1998），以及与 R&D 活动相关的学习（Dodgson，1993），将其技术扩散到了整个集群，推动成立了不少关联企业（如专门生产高纯度钛的宁波创润新材料有限公司）。余姚新材料产业集群通过这种关系组合内资源的配置、关系组合调整等作用方式形成了节点与节点之间的耦合关系，构建了以江丰电子为核心、众多关联小企业为外围的高度结构化中卫型集群网络（见图 6-5）。

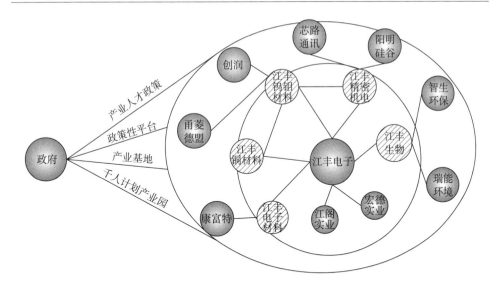

**图 6-5 集群成长期网络形成（2009～2012 年）**

（3）集群成熟期。政府继续以外部性的辅助工作为主（如提供各项平台等）协助集群发展，集群最终形成了以江丰电子及其控股、参股企业作为第一层次，与其有直接技术相关的集群内企业为第二层次，其余配套（涉及投资、管理咨询等）企业、政府、中介机构、科研院所为第三层次的结构。三个层级之间结构度高，群内企业相互依赖性强、混合性低，企业之间关系主要是上下游分工合作，这种中卫型集群产业形态、产业结构、发展模式完全"脱胎"于传统产业集群。此时，对集群发展存在制约的主导逻辑逐步弱化，处于边缘地位的企业所面临的制度困境基本被解除，产业集群实现"跨产业链"升级（见图 6-6）。

新材料产业集群生命周期与制度逻辑演化如图 6-7 所示。

由此，本章提出命题 1：在新兴产业发展过程中，"人才招商"能够有效解决县（市）级政府在招商问题上的制度"因牢"，从而激活微观主体的创新潜力，进而打破了集群市场制度逻辑，以实现集群"跨产业链"升级。

2. 安吉竹产业集群的"阶段性"制度设计：建构宏观话语

从和也科技的案例来看，安吉县政府采用的"行业导向"为传统（竹）产业内的创新型企业打破制度逻辑的束缚奠定了基础，在集群层次建构了宏观话语，并成功倒逼了企业"提升"，实现了集群"本产业链"升级。

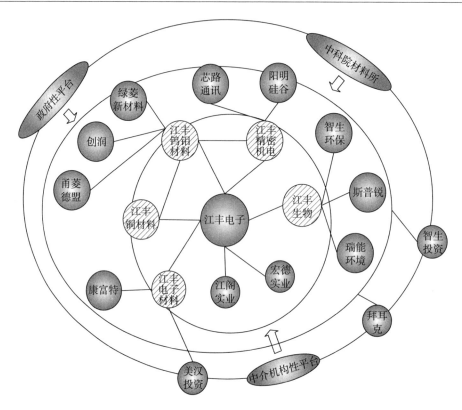

图 6-6　集群成熟期网络形成（2013 年至今）

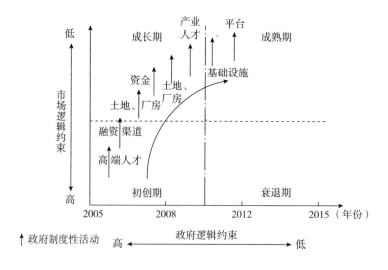

图 6-7　新材料产业集群生命周期与制度逻辑演化

（1）集群转型期。为解决传统产业利润高于声誉的制度约束，安吉县借助区域品牌（文化）塑造"引导"企业重视品牌建设。政府通过重视声誉、扩大行业影响等理念的推广，再加上切实可行的推广策略（展销会补助、家居馆展览）等"内部性实践工作"，使得安吉县在竹产品行业市场中确立了自身必要的话语权。同时，安吉县政府成立"竹产业发展局"、推出"全竹家具"、海外注册"安吉竹纤维"集体商标等"努力"促进了其他企业的"组织认同感"，并认为在区域品牌打造过程中的"有利可图"而"搭上便车"，进而成功地被政府"引导"升级。区域品牌的成功打造，为安吉竹产业打开了市场影响力，让工艺、技术领先的安吉企业意识到走品牌营销路径的可行性。政府以"区域公司"的姿态介入到产业经济活动中，打造区域品牌作为重点工作，以另辟蹊径的方式打破了自身"企业导向"的逻辑困境，在整体意义上引导了集群的发展方向。此时，集群开始形成结构度相对较低、双边依赖性不是很强、混合性较高的市场型网络结构（见图6-8）。但是，上述较为软性的话语一旦形成也往往逐步成为其他对手也可以采取的资源（Tracey et al.，2011）。面对这样的局面，安吉县又致力于实施另一种真正强化话语主导权的活动，即推动企业标准制定（包括行业标准和国家标准等），而这就必然涉及企业的创新活动。

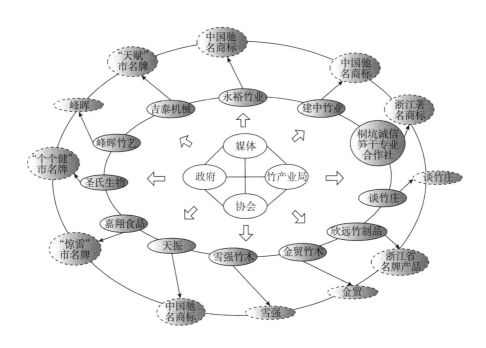

图6-8　集群转型期网络形成（2009~2012年）

（2）集群成长期。为解决传统产业成本优于技术的制度约束，安吉县通过标准制定"倒逼"企业重视技术创新。标准制定确实能帮助企业建构行业内话语权，其中的好处对于个体企业来说不言自明。安吉县政府一方面积极宣传标准制定的好处，另一方面组织行业内龙头企业对接各行业标准，并推出高额度的政策补贴的"外部性实践工作"。企业一旦参与到标准制定中，就不得不积极投入资源以实施创新策略，进行技术改革和重大技术攻关，以期能在标准制定过程中掌控更多的话语权。在一系列有效措施的推广下，安吉县标准制定工作迅速帮助企业在行业内构建"合法性"的领导地位。有了标准制定权这类具备制度门槛的话语权后，安吉地区的竹产业竞争力才真正开始形成，从而在海内外贸易中获得极大便利。政府以标准制定作为重点制度性工作，以树立"话语权"为核心竞争理念，帮助区域内集群打破了传统的"短视性"市场逻辑困境，成功塑造了新兴集群"高品高质"形象。经过这一系列的制度工作后，安吉竹产业集群形成了以和也科技等标准制定企业为核心的第一层次，以竹产业内各行业的品牌企业为第二层次，大量其他中小企业为第三层次的集群结构。区别于传统竹产业集群的"同质化严重，低价恶性竞争"，这种市场型集群网络结构有助于企业通过全面的、协作性竞争（如知识外溢性、公共物品便利性等）实现对资源整合的快速反应，有助于形成梯队化的集群结构，提升集群竞争力，进而实现了"本产业链"升级（见图6-9）。

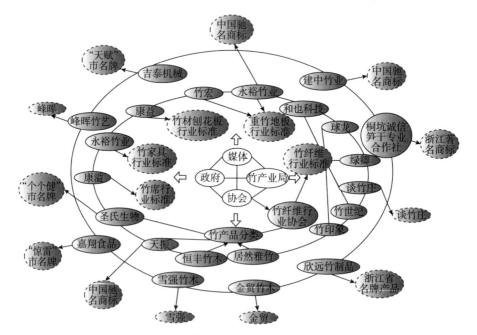

图6-9　集群转型期网络形成（2013年至今）

竹产业集群生命周期与制度逻辑演化如图6-10所示。

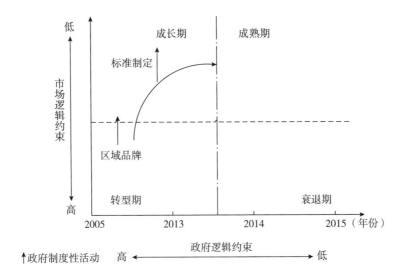

图6-10　竹产业集群生命周期与制度逻辑演化

由此，本章提出命题2：在传统产业转型升级中，"行业导向"能够有效解决县（市）级政府在政策方向制定上的制度"囚牢"，并通过构建宏观话语等形式推动企业创新，进而打破了集群市场制度逻辑，实现集群"本产业链"升级。

# 第三节　进一步讨论

## 一、政府辅助性制度工作的提出

前述两个案例主要体现为两地政府在推动产业升级时潜在的制度工作类型。从制度分析的角度看，两地政府的制度工作都可以归结为政府根据"战略意图"率先打破自身工作的制度逻辑，并促成集群打破市场逻辑的束缚，实现集群升级的一系列"努力"。表6-6展示了两地政府所做的制度工作的主要内容。具体来说，江丰电子的成功，表明余姚市的扶持性制度工作挑战了传统产业集群的市场逻辑困境——新兴产业集群的大城市偏好；而和也科技的成功，则佐证了安吉县的扶持性制度工作突破了大部分传统产业所面临竞争逻辑——"短视性"市场逻辑困境。在这两个案例中，政府都是在明确的战略意图下，通过切切实实的"努力"来实现上述战略意图。真正关键的是，两者都在其战略的实施中，通过自身工作逻辑的改变，做到了准确帮助相应集群克服加诸其上的内隐性"规则"与"理念"的约束。可见，合理的制度工作的关键在于政府能够找准其要扶持的产业集群在发展过程中未能意识到的或者尽管知道却无法摆脱的制度逻辑，并利用必要的手段来帮助集群打破这类制度稳态（Battilana，2011）。

表6-6　两个案例对应制度分析的概述

|  | 余姚（新材料产业） | 安吉（竹产业） |
| --- | --- | --- |
| 制度工作层面 | 微观层面（企业层次） | 宏观层面（场域层次） |
| 制度设计 | 外部—内部制度设计 | 内部—外部制度设计 |
| 应对的制度逻辑 | 新兴产业的市场逻辑 | 传统产业的市场逻辑 |
| 预期结果 | 产业转型升级 | 产业转型升级 |

本章案例较为合理地佐证了政府的制度性介入，并揭示了政府通过相应的制度设计能有效地解决组织僵化和技术转移所产生的锁定效应和路径依赖问题（Tung，2001），并通过龙头企业的示范作用，促进集群企业创新，带动产业集群升级。"跨产业链"集群升级中，政府制度设计应首先通过外部制度工作迅速突破市场逻辑约束，再以内部制度工作激活微观主体创新，实现集群"跨产业链"升级。"本产业链"集群升级中，政府制度设计首先应通过内部制度工作设计构建宏观话语权，再以外部制度工作设计倒逼主体创新，实现集群"本产业链"升级。制度设计与集群升级如图6-11所示。

由此，本章提出命题3：政府有效制度性介入能促进集群企业创新："由外而内"的政府制度设计能够推动"跨产业链"集群升级，"由内而外"的政府制度设计能够实现"本产业链"集群升级。

在这一演变过程中，也表明政府本身并未介入具体企业的经营活动或者从事与产业相关的经营性活动。因此，我们可以认为政府的介入需要以辅助性制度工作为主，其本质可以视为"在特定战略定位意图引导下的、为创造或转变特定制度与实践而对其他制度行动者展开的一系列扶持性或支持性活动"。因此，本章提出命题4：政府针对集群内新兴企业的政策，可以被视为一项辅助性制度工作，其通过重新塑造集群内外的产业网络结构和集群所处环境的话语成分的方式帮助创新企业在集群内获得生存空间并推动集群升级。

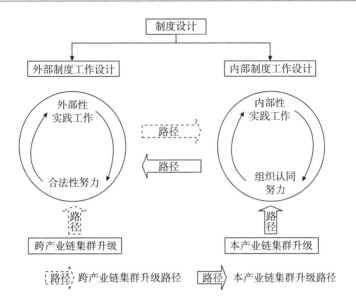

图 6-11 制度设计与集群升级

## 二、政府与集群制度逻辑的关系演化

结合前述案例，我们可以就集群的市场逻辑与政府的工作逻辑间的互演关系作进一步探讨。一般的产业研究指出，产业集群发展和演化就是部分带头企业的创业示范作用带动其他企业蓬勃发展的过程（魏江等，2004），这种演化发展所带来的间断性必然是打破组织平衡，并形成新的平衡态的过程（蔡宁等，2011），其在制度意义上往往表现为一种组织同形和组织场域结构化的过程。在产业领域内，特定组织场域的出现和结构化取决于模仿性同形、规范性同形和强制性同形（DiMaggio and Powell，1983）。这三种同形往往发生在旧有场域的范围内，其内部的组织往往会受到各种原有制度逻辑的约束和规范。因此，组织内创新活动会因为不符合传统制度逻辑的要求，反而在某种程度上表现为某种劣势。为了实现一定意义的"去制度化"（Oliver，1991），政府作为"去制度化"的先行者，其作用就非常重要（在理论上，"市场失灵"为政府干预行为提供了论证）。无论是余姚新材料产业集群的兴起还是安吉竹产业集群的转型发展，事实上都涉及新的集群生命周期的开始，并呈现出共同的阶段性特征：第一阶段，两地政府作为"变革者"率先打破自身的制度逻辑，开始实施辅助性制度工作，此时，政府引导集群发展。第二阶段，在政府的辅助下，束缚企业的原有市场逻辑被逐步突破，新的市场逻辑逐渐成为主导产业发展的第二种制度力量，并推动产业快速发展。第三阶段，当集群发展逐渐成熟时，政府的制度工作开始常规化，此时集群自身演化出来的市场逻辑开始主导产业的发展。第四阶段，虽然两个案例都未有证据涉及，但事实上便是大部分地区面对传统产业集群中企业低价和低端化竞争"束手无策"的困境局面，亟待制度企业家进入以打破"制度囚牢"并推动集群升级（再次进入第一阶段）（见图6-12）。因此，本章提出命题5：政府自身在工作方面的制度逻辑"变革"，是帮助集群及相关市场环境"去制度化"的必要前提；具体而言，政府开展辅助性制度工作的强度应随集群演化而改变：在集群发展初期，政府以"制度企业家"角色的方式进入能够有效帮助集群建立新市场逻辑；在集群发展中后期，政府以"常规协调者"角色的方式介入更有利于集群发展。

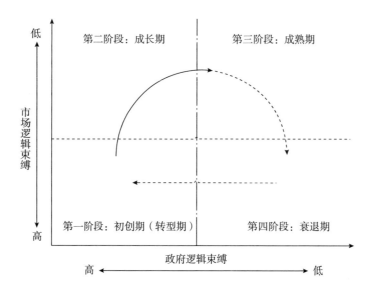

**图6-12　集群生命周期与制度逻辑关系演化**

# 第七章 研究结论与展望

## 第一节 理论贡献

现有公司创业理论中对创业网络的分析主要从结构、内容和治理等方面进行研究（Hoang and Antonci，2003），创业学习理论则是从知识学习、知识获取和学习模式等方面对企业学习与创新进行阐述（Bruneel et al.，2010），而迭代相关的研究大多基于产品迭代、创新迭代、创业机会迭代等视角进行研究（陈逢文等，2020；刘志阳等，2019；罗仲伟等，2014），鲜有文献将创业网络、创业学习和公司创业放在一个框架内进行探讨。本书以解决"企业如何构建和利用网络实现创业"为问题导向，以创业网络形成与演化机制为主线，对创业企业在不同阶段的创业网络特征与创业学习模式选择关系进行了讨论，并深入分析了创业成功的内在机制。本书的理论贡献主要体现在以下五个方面：

第一，区别于传统公司创业中偏重于强调单一创业行为研究，本书提出的创业迭代是从复合式多层次分析视角研究创业，解决了因创业过程复杂性而无法精准、系统地还原成功企业的创业实践的问题，为其他创业企业提供了清晰的复制样板，也丰富了公司创业研究的理论内涵。

第二，构建了"构建利用"的理论研究框架，回应了"构建利用"过程的系统性认知问题（Kuratko and Hoskinson，2018）。本书揭示了公司创业网络构建（强弱关系）和利用（探索式学习和利用式学习）的内在关联机理，构建了创业网络、创业学习与公司创业的理论研究框架。在已有研究关注创业行为及资源获取过程（林嵩、姜彦福，2009）的基础上，进一步补充完善了这一研究架构，从理论视角解决了对"构建利用"缺乏精确与系统的认知的问题，有利于未来采取理论驱动的研究设计来验证公司创业的内在机制，具有一定的理论贡献。

第三，从动态视角揭示并回应了网络构建与利用所诱发的网络效应（Tseng and Tseng，2019）对公司创业的影响。本书在区分了传统与新兴产业的基础上，运用网络和学习理论分析公司创业阶段性演化特征，揭示了网络构建（强弱关系）和利用（学习模式）与公司创业的选择逻辑，指出了传统与新兴产业的不同制度设计（工作）与诱发网络效应、改变网络现状的关键，进而发现创业网络与创业学习的互补机制设计是改变网络现状、促进创业实现"去制度化"的关键。阶段性动态演化的研究，突破了已有注重网络结构与网络行为的静态研究视角，是对现有理论的重要补充。

第四，尝试了新制度主义研究视角的引入，有效打开了创业过程中从"构建"网络到"利用"网络勾连机制分析（Zahra，2015）。本书借鉴制度工作、制度逻辑等新制度主义研究视角，以公司创业事件为分析层次，选取新兴产业与传统产业两个典型案例，将创业"管理/技术逻辑"困境分析嵌入两种不同类型企业创业阶段性分析过程中，强调不同类型公司创业的动态演变过程兼具的市场和制度双重意义，即公司创业不仅面临着探索和利用与所处产业相关的一系列知识体系，更面临着如何逐步地突破自身所处内外部制度环境的束缚并合法化新的技术应用体系和管理模式的难题（Thornton et al.，2012），从而回应了学者关于加强基于中国背景多元创业研究的呼吁（周冬梅等，2020）。

第五，本书认为创业迭代是改变网络现状和学习方式的关键，进而发现创业迭代能够有效促进网络与学习的正反馈机制设计进而改变网络现状和学习方式，这对于补充创业网络视角下的"结构—行为—绩效"逻辑（云乐鑫等，2017）具有一定的启示意义。

# 第二节　实践启示

## 一、平台企业创业启示

自2014年时任国务院总理李克强提出"大众创业、万众创新"以来，中央和地方政府陆续出台很多相关政策、法律和制度，以鼓励公司创新创业。创业活动成为推动我国经济社会发展的重要力量。面对未来，如何进一步提升公司创业质量是深化改革的关键任务，也是我国实施创新驱动发展战略的关键（周冬梅等，2020）。本节以全球价值链一体化和以信息技术为核心的科技革命为背景，重点论述了传统企业和新兴企业的不同创业路径，为中国情境下企业成功实施创业战略提供了借鉴。

1. 传统企业创业的实践启示

第一，企业创业首先要关注关键核心技术"卡脖子"问题，特别是在关键技术瓶颈突出、自主创新难度大的行业，企业可以考虑通过在行业内实施并购战略来解决"卡脖子"问题。在这一过程中，应该在战略意义上重视弱关系在自身创业进程中的重要性，在利用弱关系优化、调整和完善创业逻辑的同时，也需要将其视为公司在创业初期吸收外部知识和搜寻外部并购企业的基础性资源，从而准确地选择并购对象。本书案例中杰克公司及时抓住时机并购德国企业以促成创业契机的做法就很值得相关企业借鉴和参考。第二，在企业实施并购战略后，关键技术的消化吸收尤为重要，该阶段企业应该重点关注通过创业学习实现关键技术转化，这一过程可以借鉴杰克公司以自身的传统市场优势为切入点，通过依托创业学习过程中的交流和互动，来强化创业网络，不断进行创业。第三，传统企业创业应该构建以弱到强的创业网络，同时伴随着企业利用式学习的不断强化的模式来"构建和利用网络"从而帮助自身创业，杰克公司采取"市场促成并购、并购推动学习、学习强化网络、网络创造市场"的螺旋式上升迭代过程，为传统企业如何将创业网络和创业学习耦合以实现自身"升级改造"提供了典型的创业范例（见表7-1）。

表7-1 传统企业创业迭代过程范例

| 阶段 \ 合作范式 | 合作关系 | 合作方式（创业迭代方式） | | 合作目的 |
|---|---|---|---|---|
| 第一阶段 | 弱关系 | 成果转让、委托咨询、技术使用许可、参观学习、人才引进等 | | 构建网络 |
| 第二阶段 | 强关系→弱关系 | 收购并购、联合开发、战略联盟（知识引进） | 技术顾问、委托开发、委托培训、技术转让（知识吸收） | 构建及利用网络 |
| 第三阶段 | 强关系 | 联合研发、合资生产、人才培养、战略联盟（知识转化）、收购并购（新知识引进） | | 利用网络 |

2. 新兴企业创业的实践启示

第一，在企业创业初期，以合作关系而形成弱关系网络。特别地，借力成熟的大平台企业（如南讯借力阿里巴巴、拼多多借助腾讯等）是一个不错的选择，而借力的关键是，通过借助大平台企业的优势，迅速转化资源构建创业网络和商业模式，形成快速创业的竞争优势（如曾经盛极一时的共享单车行业就是在成功"圈粉"后未能找到自己的营利模式而失败，而南讯就是通过与阿里巴巴合作后成功构建平台商家的创业网络并找到以零售行业 CRM 切入口、进行快速创业来获得创业红利）。第二，作为新经济创业企业，交互式创业是创业成功的一种范式，企业应该关注通过创业学习有效识别可数据化资源，将数据资源转化、组合形成具有价值的商业模式，进而影响公司创业网络，形成网络与学习的正反馈机制，突破自身后发劣势，克服市场不确定性。这一做法值得一些新创企业进一步借鉴和参考。第三，新兴产业创业之初在借助与大平台构建弱关系网络实现探索式学习后，应该快速构建自己的创业网络实现关系网络由弱到强，创业学习实现由探索式向利用式的转变，以此来"构建和利用网络"不断进行创业。南讯公司"平台强化学习、学习刺激创新、创新促成优势、优势创造利用"的创业网络与组织学习耦合模式为新创企业创业成功提供了可能的参考方案（见表 7-2）。

表 7-2　新兴企业创业迭代过程范例

| 阶段 \ 合作范式 | 合作关系 | 合作方式（创业迭代方式） | | 合作目的 |
|---|---|---|---|---|
| 第一阶段 | 弱关系 | 委托开发（与平台型大公司建立合作） | | 构建网络 |
| 第二阶段 | 弱关系→强关系 | 委托开发、技术顾问（资源转化） | 知识共享、人才培养（资源转化） | 构建及利用网络 |
| 第三阶段 | 强关系 | 合作开发、技术支持、战略联盟 | | 利用网络 |

## 二、集群创业级演化升级的启示

余姚、安吉两地的比较案例分析表明，在集群产业转型升级初期，除企业在技术和营销模式方面的努力外，政府首先应该打破自身的工作逻辑，并适当扮演"制度企业家"的角色，结合企业所处集群市场逻辑，提供必要的制度性帮助，从而帮助其摆脱不必要的制定性约束以推动集群发展；在集群产业转型升级中后期，企业技术创新和政府制度创新的双重变奏必须同时展开（贺俊，2014），这与传统创业政策和产业转型理论的观点是一致的。同时，制度工作对于上述理论的补充性看法是，政府的制度创新并不一定需要整体性、全盘式，而是需要"有的放矢"地应对其扶持产业的相关制度困境，从而在行动中创造出有意义的制度突破。

1. "跨产业链升级"的实践启示

一般适用于发展新兴产业，实践中政府可以采用逆向的微观思维逻辑，辅以"由外而内"的政府制度设计框架。例如，在集群发展初期，余姚市政府尝试采用"以人引产"，即先引人后招商的发展思维并辅以外部性实践工作促进集群发展；在集群成长期，政府辅以内部性实践工作成功集聚了大量"创新创业"型集群企业；在集群成熟期，政府又以外部性实践工作促进了集群产业体系的形成（见表7-3）。

表7-3 "跨产业链升级"制度设计

| 产业阶段 | 制度设计 | 制度工作（示例） | 作用 |
|---|---|---|---|
| 初创期 | 外部性实践工作 | （1）高端人才创业扶持政策：土地价格政策、资金引入、基础厂房建设等（主要集中在财政补助政策措施）；<br>（2）重点企业扶持政策：协助企业重大技术攻关等（主要集中在实施财政配套资金政策措施） | 提升组织合法性 |
| 成长期 | 内部性实践工作 | （1）高端人才招商政策（优秀人才引入等政策措施）；<br>（2）产业人才引入和培养政策（产业人才引入政策、人才培养补贴、重点人才组织推荐等政策措施）；<br>（3）产业基地建设政策（针对特色产业园区发展的政策措施）；<br>（4）产业专项资金政策（人才、产品设计、研发创新投入、重大技术改革等政策措施） | 提升组织认同感 |
| 成熟期 | 外部性实践工作 | （1）政策性平台建设政策（投资平台建设、创业创新平台建设、中介平台建设、物流平台建设、信息化平台建设等政策措施）；<br>（2）产学研合作体系建设政策（促进当地企业与高校、科研院所合作政策措施） | 提升组织合法性 |

2. "本产业链升级"的实践启示

一般适用于传统产业升级，实践中政府可以采用行业整体导向的宏观思维逻辑，辅以"由内而外"的政府制度设计。例如，在集群转型期，安吉县政府以内部性实践工作塑造区域品牌提升了安吉竹产业在行业内的认同感；在集群成长期，政府以外部性实践工作制定标准，"倒逼"企业创新，从整体着眼引导企业转型（见表7-4）。

表7-4 "本产业链升级"制度设计

| 产业阶段 | 制度设计 | 制度工作（示例） | 作用 |
|---|---|---|---|
| 转型期 | 内部性实践工作 | （1）行业导向性政策（如区域品牌建设中集体商标注册、行业性品牌媒介推广等政策措施）；<br>（2）政府政策性行业引导（如成立行业性管理部门、展销会、研修班等财政补助政策措施）；<br>（3）协助企业个性化推广（如企业品牌创建中国驰名商标、省级著名商标、省级名牌产品财政补助政策措施） | 提升组织认同感 |
| 成长期 | 外部性实践工作 | （1）引导并组织企业进行国家标准制定（财政补助政策）；<br>（2）引导并组织企业进行行业标准制定（财政补助政策） | 提升组织合法性 |

对于中国地方政府来说，在推动特定制造产业转型升级时，一项完整意义的辅助性制度工作必须包含以下两个必要的成分：一是地方政府必须始终拥有强化产业升级的战略定位和"布局"（罗家德等，2014），要在创新能力培育（扶持小微企业）和龙头企业培育（扶持行业引领性企业）间保持必要的平衡，应该注重在财政、金融方面重视龙头企业的情况下，将制度性资源更多地提供给小微企业，为其发展提供必要的孵化空间。二是地方政府可以从宏观和微观两个层面来落实具体的战略意图。其中，宏观层次的活动应该针对那些进入门槛较低的产业，并建构出可能的产业话语权，帮助本地产业获得竞争力；而微观层面的活动则应该注重针对那些进入门槛较高的产业，为这些企业提供可以激活其发展潜力的必要支持。此外，余姚的案例还表明，相关的制度工作有可能产生一些有意义的未预期结果，政府应该及时发现和把握，从而创造出更加有利的转型升级局面。

第三节 研究局限及未来研究展望

任何理论研究都会因研究者本人所关注的问题、视角、样本选取、研究方法等原因，导致研究结论只具有一定范围和程度的适用性。因此，尽管本书的大多数假设都得到了支持，也基本达到了预期研究目标，并获得了一些有价值和创新性的研究结论，但由于研究问题的复杂性和时间的限制，本书研究尚存在许多不足之处。总的来说，本书的研究局限及未来的研究展望集中体现在以下三个方面：

第一，本书采用多案例时序分析研究方法在理论构建方面具有比较明显优势，但由于所选取案例杰克公司、南讯公司的单一行业属性，对于其他行业的结论是否具有普适性仍需进一步讨论。未来可以选择通过大样本数据分析，检验本书结论的科学性。

第二，本书是对案例企业本身的公司创业进行分析，运用制度逻辑和制度工作概念来分析政府工作逻辑与企业创新、市场逻辑与集群升级的关系，但由于研究的局限性，忽略了其他利益相关者（如政府、银行以及行业协会等非营利性机构）和更为复杂的国际贸易环境等外在因素可能带来的影响，未来可以在研究范畴和维度更加多元化的前提下进行探讨。

第三，本书采用纵向嵌套式对比案例研究方法，尽管我们选取的集群案例具有一定代表性，但研究结论的推广性尚有待进一步验证，未来的研究可以选取更多的集群、企业样本进行深入探究。

# 参考文献

［1］ Abrahamson E , Fombrun C J. Macrocultures: Determinants and Consequences ［J］. Academy of Management Review, 1994, 19（4）: 728-755.

［2］ Agarwal R, Audretsch D, Sarkar M. Knowledge Spillovers and Strategic Entrepreneurship ［J］. Strategic Entrepreneurship Journal, 2010, 4（4）: 271-283.

［3］ Ahrweiler P. Innovation in Complex Social Systems ［M］. London: Routledge, 2010.

［4］ Ahrweiler P, M T Keane. Innovation Networks. ［J］. Mind and Society, 2013, 12（1）: 73-90.

［5］ Ahuja G. Collaboration Networks, Structural Holes, and Innovation: A Longitudinal Study ［J］. Administrative Science, Quarterly , 2000, 45（3）: 425-457.

［6］ Aldrich H, Zimmer C. Entrepreneurship through Social Networks ［M］// Sexton D L, Smilor R W. The Art and Science of Entrepreneurship. Cambridge, MA: Ballinger Publishing Company, 1986.

［7］ Ali A, Kelley D J, Levie J. Market-driven Entrepreneurship and Institutions ［J］. Journal of Business Research, 2020（113）: 117-128.

［8］ Almandoz J. Founding Teams as Carriers of Competing Logics: When Institutional Forces Predict Banks' Risk Exposure ［J］. Administrative Science Quarterly, 2014, 59（3）: 442-473.

［9］ Alvesson M, Svenningsson S. Good Visions, Bad Micro-management and Ugly Ambiguity: Contradictions of（Non-）Leadership in a Knowledge-Intensive Organization ［J］. Organization Studies, 2003, 24（6）: 961-988.

［10］ Annaelle G, Nelson P. Institutional Work as Logics Shift: The Case of Intel's Transformation to Platform Leader ［J］. Organization Studies, 2013, 30

（8）：1-37.

［11］Arfi W B, Hikkerova L. Corporate Entrepreneurship, Product Innovation, and Knowledge Conversion: The Role of Digital Platforms ［J］. Small Business Economics, 2019 （56）：1191-1204.

［12］Arnold G. Street-level Policy Entrepreneurship ［J］. Public Management Review, 2015 （3）：307-327.

［13］Atuahene-Gima K . The Effects of Centrifugal and Centripetal Forces on Product Development Speed and Quality: How Does Problem Solving Matter? ［J］. The Academy of Management Journal, 2003, 46 （3）：359-373.

［14］Atuahene-Gima K, Murray J Y. Exploratory and Exploitative Learning in New Product Development: A Social Capital Perspective on New Technology Ventures in China ［J］. Journal of International Marketing, 2007, 15 （2）：1-29.

［15］Balland P A, M D Vaan, R Boschma. The Dynamics of Interfirm Networks along the Industry Life Cycle: The Case of the Global Video Game Industry, 1987-2007 ［J］. Journal of Economic Geography, 2013, 13 （5）：741-765.

［16］Barney J B. Strategic Factor Markets: Expectations, Luck, and Business Strategy ［J］. Management Science, 1986, 32 （10）：1231-1241.

［17］Battilana J. The Enabling Role of Social Position in Diverging from the Institutional Status Quo: Evidence from the UK National Health Service ［J］. Organization Science, 2011, 22 （4）：817-834.

［18］Baum J A C , Calabrese T , Silverman B S . Don't Go it Alone: Alliance Network Composition and Startups' Performance in Canadian Biotechnology ［J］. Strategic Management Journal, 2000, 21 （3）：267-294.

［19］Benner M J, Tushman M L. Exploitation, Exploration, and Process Management: The Productivity Dilemma Revisited ［J］. Academy of Management Review, 2003, 28 （2）：238-256.

［20］Bleeke L, D Ernst. Collaborating to Compete: Using Strategic Alliances and Acquisitions in the Global Marketplace ［M］. New York: Wiley, 1993.

［21］Bojica, A M, Fuentes-Fuentes, M D, Perez, V F. Corporate Entrepreneurship and Codification of the Knowledge Acquired from Strategic Partners in SMEs ［J］. Journal of Small Business Management, 2017, 55 （1）：205-230.

［22］Breschi S, Malerba F. The Geography of Innovation and Economic Clustering: Some Introductory Notes [J]. Industrial and Corporate Change, 2001, 10 (4): 817-833.

[23] Brown J L, Drake K D. Network Ties Among Low-Tax Firms [J]. Accounting Review, 2014, 89 (2): 483-510.

[24] Bruneel J, Ylirenko H, Clarysse B. Learning from Experience and Learning from Others: How Congenital and Interorganizational Learning Substitute for Experiential Learning in Young Firm Internationalization [J]. Strategic Entrepreneurship Journal, 2010, 4 (2): 164-182.

[25] Burgers J H, Covin J. The Contingent Effects of Differentiation and Integration on Corporate Entrepreneurship [J]. Strategic Management Journal, 2016, 37 (3): 521-540.

[26] Campbell J L. Why Would Corporations Behave in Socially Responsible ways? An Institutional Theory of Corporate Social Responsibility [J]. Academy of Management Review, 2007, 32 (3): 946-967.

[27] Capello R, Faggian A. Collective Learning and Relational Capital in Local Innovation Processes [J]. Regional Studies, 2005, 39 (1): 75-87.

[28] Carlsson B, Mudambi R. Globalization, Entrepreneurship, and Public Policy: A Systems View [J]. Industry and Innovation, 2003, 10 (1): 103-116.

[29] Charmaz K C. Constructing Grounded Theory: A Practical Guide Through Qualitative Analysis [M]. London: Sage Publications Ltd, 2006.

[30] Chen J, Nadkarni S. It's about Time! CEOs' Temporal Dispositions Temporal Leadership, and Corporate Entrepreneurship [J]. Administrative Science Quarterly, 2017, 62 (1): 131-166.

[31] Child J, Faulkner D O. Strategies of Cooperation: Managing Alliances, Networks, and Joint Ventures [M]. Oxford: Oxford University Press, 1998.

[32] Cohen W M, Levinthal D A. Absorptive Capacity: A New Perspective on Learning and Innovation [J]. Administrative Science Quarterly, 1990, 35 (1): 128-152.

[33] Collins C, Clark K. Strategic Human Resource Practices, Top Management Team Social Networks, and Firm Performance: The Role of Human Resource Practices in Creating Organizational Competitive Advantage [J]. Academy of Management Journal, 2003, 46 (6): 740-751.

［34］ Corso M, Pellegrini L. Continuous and Discontinuous Innovation: Overcoming the Innovator Dilemma ［J］. Creativity and Innovation Management, 2010, 16 (4): 333-347.

［35］ Covin J G, Green K M, Slevin D P. Strategic Process Effects on the Entrepreneurial Orientation - Sales Growth Rate Relationship ［J］. Entrepreneurship Theory and Practice, 2006, 30 (1): 57-81.

［36］ Covin J G, Miles M P. Corporate Entrepreneurship and the Pursuit of Competitive Advantage ［J］. Entrepreneurship Theory and Practice, 1999, 23 (3): 47-63.

［37］ Covin J G, Slevin D P. A Response to Zahra's Critique and Extension of the Covin & Slevin's Entrepreneurship Model ［J］. Entrepreneurship Theory & Practice, 1993, 17 (4): 23-28.

［38］ Creswell J W. Qualitative Inquiry and Research Design: Chosing among Five Traditions ［J］. Journal of Vocational Behaviour, 1998, 41 (2): 236-237.

［39］ De Carolis D M, Saparito P. Social Capital, Cognition, and Entrepreneurial Opportunities: A Theoretical Framework ［J］. Entrepreneurship Theory and Practice, 2006, 30 (1): 41-56.

［40］ DiMaggio P J, Powell W W. The Iron Cage Revisited: Institutional Isomorphism and Collective Rationality in Organizational Fields ［J］. American Sociological Review, 1983, 48 (2): 147-160.

［41］ Dodgson M. Organizational Learning: A Review of Some Literatures ［J］. Organization Studies, 1993, 14 (4): 375-394.

［42］ Dyer J H, Singh H. The Relational View: Cooperative Strategy and Sources of Interorganizational Competitive Advantage ［J］. Academy of Management Review, 1998, 23 (4): 660-679.

［43］ Eisenhardt K M, Graebner M E. Theory Building from Cases: Opportunities and Challenges ［J］. Academy of Management Journal, 2007, 50 (1): 25-32.

［44］ Emirbayer M, Mische A. What is Agency? ［J］. American Journal of Sociology, 1998, 4 (103): 962-1023.

［45］ Engel Y, Kaandorp M, Elfring T. Toward a Dynamic Process Model of Entrepreneurial Networking under Uncertainty ［J］. Journal of Business Venturing, 2017, 32 (1): 35-51.

［46］ Engeström Y. Activity Theory and Individual and Social Transformation

[M]. Cambridge: Cambridge University Press, 1999.

[47] Friedland R, Alford R R. Bringing Society Back in: Symbols, Practices and Institutional Contradictions [M]. Chicago: University of Chicago Press, 1991.

[48] Gawer A, Cusumano M A. Industry Platforms and Ecosystem Innovation [J]. Journal of Product Innovation Management, 2014, 31 (3): 417-433.

[49] Gebhardt C. The Making of Plasma Medicine: Strategy Driven Clusters and The Emerging Roles of Cluster Management and Government Supervision [J]. The Journal of Technology Transfer, 2013, 38 (4): 401-414.

[50] Gorgievski M J, Ascalon M E, Stephan U. Small Business Owners' Success Criteria, a Values Approach to Personal Differences [J]. Journal of Small Business Management, 2011, 49 (2): 207-232.

[51] Granovetter M. Economic Institutions as Social Constructions: A Framework for Analysis [J]. Acta Sociologica, 1992, 35 (1): 3-11.

[52] Granovetter M S. The Strength of Weak Ties [J]. American Journal of Sociology, 1973, 78 (6): 1360-1380.

[53] Greenwood R, Díaz A M, Li S X, et al. The Multiplicity of Institutional Logics and the Heterogeneity of Organizational Responses [J]. Organization Science, 2010, 21 (2): 521-539.

[54] Greenwood R, Oliver C, Sahlin K, et al. The Sage Handbook of Organizational Institutionalism [M]. London: Sage Publications Ltd, 2008.

[55] Greve H R, Baum J A C, Mitsuhashi H, et al. Built to Last But Falling Apart: Cohesion, Friction, and Withdrawal from Interfirm Alliances [J]. Academy of Management Journal, 2010, 53 (2): 302-322.

[56] Gurtoo A. Policy Support for Informal Sector Entrepreneurship: Micro-enterprises in India [J]. Journal of Developmental Entrepreneurship, 2009, 14 (2): 181-194.

[57] Guth W D, Ginsberg A. Introduction: Corporate Entrepreneurship [J]. Srategic Management Journal, 1990, 127 (SI): 25-41.

[58] Hagedoorn J. Inter-firm R&D Partnerships: An Overview of Major Trends and Patterns since 1960 [J]. Research Policy, 2002, 31 (4): 477-492.

[59] Hagedoorn J. Understanding the Rationale of Strategic Technology Partnering: Interorganizational Modes of Cooperation and Industry Differences [J]. Strategic

Management Journal, 1993, 14 (5): 371-385.

　[60] Hansen M T. The Search-transfer Problem: The Role of Weak Ties in Sharing Knowledge across Organization Subunits [J]. Administrative Science Quarterly, 1999, 44 (1): 82-111.

　[61] Hart D. The Emergence of Entrepreneurship Policy: Governance, Startups, and Growth in the US Knowledge Economy [M]. Cambridge: Cambridge University Press, 2003.

　[62] Hervas-Oliver J L, J Albors-Garrigos. Local Knowledge Domains and the Role of MNE Affiliates in Bridging and Complementing a Cluster's Knowledge [J]. Entrepreneurship & Regional Development, 2008, 20 (11): 581-598.

　[63] Hervas-Oliver J L, J Albors-Garrigos. The Role of the Firm's Internal and Relational Capabilities in Clusters: When Distance and Embeddedness are not Enough to Explain Innovation [J]. Journal of Economic Geography, 2009 (9): 263-283.

　[64] Hoang H, Antoncic B. Network-based Research in Entrepreneurship a Critical Review [J]. Journal of Business Venturing, 2003, 18 (2): 165-188.

　[65] Hoang H, Yi A. Network-based Research in Entrepreneurship: A Decade in Review [J]. Foundations and Trends in Entrepreneurship, 2015, 11 (1): 1-54.

　[66] Holm P. The Dynamics of Institutionalization: Transformation Processes in Norwegian Fisheries [J]. Administrative Science Quarterly, 1995, 40 (3): 398-422.

　[67] Hospers G J, Beugelsdijk S. Regional Cluster Policies: Learning by Comparing? [J]. Kyklos, 2002, 55 (3): 381-402.

　[68] Huber G P. Organizational Learning: The Contributing Processes and the Literatures [J]. Organization Science, 1991, 2 (1): 88-115.

　[69] Huggins R. The Business of Networks: Inter-firm Interaction, Institutional Policy and the TEC Experiment [M]. New York: Routledge, 2018.

　[70] Ireland R D, Covin J G, Kuratko D F. Conceptualizing Corporate Entrepreneurship Strategy [J]. Entrepreneurship Theory and Practice, 2009, 33 (1): 19-46.

　[71] Jack S, Mouzas S. Entrepreneurship as Renegotiated Exchange in Networks [R]. Presented at the 23rd IMPConference: Exploiting the B-to-B Knowledge Network: New Perspectives and Core Concepts, Manchester, UK, 2007.

［72］Jacobides M G, Cennamo C, Gawer A. Towards a Theory of Ecosystems ［J］. Strategic Management Journal, 2018, 39 (8): 2255-2276.

［73］Jarzabkowski P. Strategy as Practice: Recursiveness, Adaptation, and Practices-in-Use ［J］. Organization Studies, 2004, 25 (4): 529-560.

［74］Keats B W, Hitt M A. A Causal Model of Linkages among Environmental Dimensions, Macro Organizational Characteristics, and Performanc ［J］. Academy of Management Journal, 1988, 31 (3): 570-598.

［75］Keeble D, Wikinson F. High-technology Clusters, Networking and Collective Learning in Europe ［M］. Aldershot: Ashgate Press, 2000.

［76］Keil T. Building External Corporate Venturing Capabilit ［J］. Journal of Management Studies, 2004, 41 (5): 799-825.

［77］Kempster S, Cope J. Learning to Lead in the Entrepreneurial Context ［J］. International Journal of Entrepreneurial Behaviour & Research, 2010, 16 (1): 5 - 34.

［78］Kilduff M, Tsai W P. Social Networks and Organizations ［M］. London: Sage Publications Ltd, 2003.

［79］Kock S, Galkina T. Entrepreneurial Network Creation: Using Formal and Informal Relations of Entrepreneurial Team Members in Russia and Finland ［C］// Larimo J, Huuka A. Perspectives on Marketing. Vaasa: Vaasan Yliopiston Julkaisuja, 2008.

［80］Koza M P, Lewin A Y. The Coevolution of Network Alliances: A Longitudinal Analysis of an International Professional Service Network ［J］. Organization Science, 1999, 10 (5): 638 -653.

［81］Kranenburg H V. The Strength of R&D Network Ties in High-tech Sectors-A Multi-dimensional Analysis of the Effects of Tie Strength on Innovation Performance ［J］. Technology Analysis & Strategic Management, 2011, 23 (10): 1015-1030.

［82］Kreiser P M. Entrepreneurial Orientation and Organizational Learning: The Impact of Network Range and Network Closure ［J］. Entrepreneurship Theory and Practice, 2011, 35 (5): 1025-1050.

［83］Kuratko D F, Hoskinson S. The Challenges of Corporate Entrepreneurship in the Disruptive Age ［M］. London: Emerald Publishing Limited, 2018.

［84］Landis J R, Koch G G. The Measurement of Observer Agreement for Categorical Data [J]. Biometrics, 1977, 33 (1): 159-174.

[85] Larson A. Network Dyads in Entrepreneurial Settings: A Study of the Governance of Exchange Relationships [J]. Administrative Science Quarterly, 1992, 37 (1): 76-104.

[86] Larsson, R, L Bengtsson, K Henriksson, I Sparks. The Interorganizational Learning Dilemma: Collective Knowledge Development in Strategic Alliances [J]. Organization Science, 1998, 9 (3): 285-305.

[87] Lawrence T, Suddaby R, Leca B. Institutional Work: An Introduction in Institutional Work [M]. Cambridge: Cambridge University Press, 2009.

[88] Lawrence T, Suddaby R, Leca B. Institutional Work: Refocusing Institutional Studies of Organization [J]. Journal of Management Inquiry, 2011, 20 (1): 52-58.

[89] Lawrence T, Suddaby R. Institutions and Institutional Work [M]. London: Sage Publications Ltd, 2006.

[90] Lechner C, Dowling M, Welpe I. Firm Networks and Firm Development: The Role of the Relational Mix [J]. Journal of Business Venturing, 2006, 21 (4): 514-540.

[91] Lee R P. Extending the Environment-Strategy-Performance Framework: The Roles of Multinational Corporation Network Strength, Market Responsiveness, and Product Innovation [J]. Journal of International Marketing, 2010, 18 (4): 58-73.

[92] Lenihan H. Enterprise Policy Evaluation: Is There a "New" Way of Doing It? [J]. Evaluation and Program Planning, 2011 (4): 323-332.

[93] Levinthal D A, March J G. The Myopia of Learning [J]. Strategic Management Journal, 1993, 14 (S2): 95-112.

[94] Leydesdorff L, P Ahrweiler. In Search of a Network Theory of Innovations: Relations, Positions, and Perspectives [J]. Journal of the Association for Information Science & Technology, 2014, 65 (11): 2359-2374.

[95] Leydesdorff L, E Perevodchikov, A Uvarov. Measuring Triple-Helix Synergy in the Russian Innovation Systems at Regional, Provincial, and National Levels [J]. Journal of the Association for Information Science & Technology, 2015, 66 (6): 1229-1238.

[96] Lim K, Morse A, Mitchell K, Seawright K. Institutional Environment

and Entrepreneurial Cognitions: A Comparative Business Systems Perspective [J]. Entrepreneurship Theory and Practice, 2010, 34 (3): 491-516.

[97] Lorenzoni G, A Lipparini. The Leveraging of Interfirm Relationships as a Distinctive Organizational Capacity: A Longitudinal Study [J]. Strategic Management Journal, 1999, 20 (4): 317-338.

[98] Lounsbury M. Institutional Transformation and Status Mobility: The Professionalization of the Field of Finance [J]. The Academy of Management Journal, 2002, 45 (1): 255-266.

[99] Lundstrom A, Stevenson L. Towards a Framework for the Development of Entrepreneurship Policy and Practice [R]. Babson College: Frontiers of Entrepreneurship Research, 2001.

[100] Mahmood I P, Zhu H, Zajac E J. Where Can Capabilities Come from? Network Ties and Capability Acquisition in Business Groups [J]. Strategic Management Journal, 2011, 32 (8): 820-848.

[101] Mair J, Marti I. Entrepreneurship in and around Institutional Voids: A Case Study from Bangladesh [J]. Journal of Business Venturing, 2009, 24 (5): 419-435.

[102] March J. Exploration and Exploitation in Organizational Learning [J]. Organization Science, 1991, 2 (1): 71-87.

[103] Marquis C, Kunyuan Q. Waking from Mao's Dream: Communist Ideological Imprinting and the Internationalization of Entrepreneurial Ventures in China [J]. Administrative Science Quarterly, 2018, 65: 795-830.

[104] Meyer J W, Rowan B. Institutionalized Organizations: Formal Structure as Myth and Ceremony [J]. American Journal of Sociology, 1977, 83 (2): 340-363.

[105] Miles R E, C C Snow. Causes of Failure in Network Organizations [J]. California Management Review, 1992, 34 (4): 53-72.

[106] Minniti M, Bygrave W. A Dynamic Model of Entrepreneurial Learning [J]. Entrepreneurship Theory and Practice, 2001 (25): 5-16.

[107] Mohr J J, S Sengupta. Managing the Paradox of Inter-firm Learning: The Role of Governance Mechanisms [J]. Journal of Business and Industrial Marketing, 2002, 17 (4): 282-301.

[108] Munari F, Sobrero M, Malipiero A. Absorptive Capacity and Localized

Spillovers: Focal Firms as Technological Gatekeepers in Industrial Districts [J]. Industrial and Corporate Change, 2012, 21 (2): 429-462.

[109] Nelson R R. Economic Growth via the Coevolution of Technology and Institutions [M]. New York: St. Martin's Press, 1994.

[110] Oliver C. Strategic Responses to Institutional Processes [J]. Academy of Management Review, 1991, 16 (1): 145-179.

[111] Oliver C. Sustainable Competitive Advantage: Combining Institutional and Resource - Based Views [J]. Strategic Management Journal, 1997, 18 (9): 679-713.

[112] Oliver J L H, J A Garrigós, J I D Porta. External Ties and the Reduction of Knowledge Asymmetries among Clusters within Global Value Chains: The Case of the Ceramic Tile District of Castellon [J]. European Planning Studies, 2008, 16 (4): 507-520.

[113] Peng M W, Sun S L, Pinkham B, et al. The Institution-based View as a Third Leg for a Strategy Tripod [J]. Academy of Management Perspectives, 2009, 23 (3): 63-81.

[114] Phillips N, Lawrence T, Hard C. Discourse and Institutions [J]. Academy of Management Review, 2004, 29 (4): 635-652.

[115] Pietrobelli C. The Socio - economic Foundations of Competitiveness: An Econometric Analysis of Italian Industrial District [J]. Industry and Innovation, 1998 (5): 139-155.

[116] Politis D. The Process of Entrepreneurial Learning: A Conceptual Framework [J]. Entrepreneurship Theory and Practice, 2005, 29 (4): 399-424.

[117] Poppo L, Zenger T. Do Formal Contracts and Relational Governance Function as Substitutes or Complements? [J]. Strategic Management Journal, 2002, 23 (8): 707-725.

[118] Powell W W, P J DiMaggio. The New Institutionalism in Organizational Analysis [M]. Chicago: University of Chicago, 1991.

[119] Rochet J, Tirole J. Platform Competition Two-sided Markets [J]. Journal of the European Economic Association, 2003, 1 (14): 990-1029.

[120] Rowley T, Behrens D, Krackhardt D. Redundant Governance Structures: An Analysis of Structural and Relational Embeddedness in the Steel and Semiconductor In-

dustries [J]. Strategic Management Journal, 2000, 21 (3): 19.

[121] Saebi T, Foss N J. Business Models for Open Innovation: Matching Heterogeneous Open Innovation Strategies with Business Model Dimensions [J]. European Management Journal, 2015, 33 (3): 201-213.

[122] Sardana D, Scott-Kemmis D. Who Learns What? A Study based on Entrepreneurs from Biotechnology New Ventures [J]. Journal of Small Business Management, 2010, 48 (3): 441-468.

[123] Satish N, Donald S, Martin K. On Open Innovation, Platforms, and Entrepreneurship [J]. Strategic Entrepreneurship Journal, 2018, 12 (3): 354-368.

[124] Schein E H. Organizational Culture and Leadership: A Dynamic View [J]. Procedia-Social and Behavioral Sciences, 1991, 31 (1): 856-860.

[125] Schildt H A, Maula M V J, Keil T. Explorative and Exploitative Learning from External Corporate Ventures [J]. Entrepreneurship Theory & Practice, 2010, 29 (4): 493-515.

[126] Scott W R. Institutions and Organizations [M]. Thousand Oaks, CA: Sage Publications, 1995.

[127] Selnes F, Sallis J. Promoting Relationship Learning [J]. Journal of Marketing, 2003, 67 (3): 80-95.

[128] Semrau T, Werner A. The Two Sides of the Story: Network Investments and New Venture Creation [J]. Journal of Small Business Management, 2012, 50 (1): 159-180.

[129] Shane S, Venkataraman S. Entrepreneurship as a Field of Research: A Response to Zahra and Dess, Singh, and Erikson [J]. Academy of Management Review, 2001, 26 (1): 13-16.

[130] Shane S, Venkataraman S. The Promise of Entrepreneurship as a Field of Research [J]. Academy of Management Review, 2000 (25): 217-226.

[131] Sharma P, Chrisman J J. Toward a Reconciliation of the Definitional Issues in the Field of Corporate Entrepreneurship [J]. Entrepreneurship Theory and Practice, 1999, 23 (3): 11-28.

[132] Shepherd D A, Wennberg K, Suddaby R, et al. What are We Explaining? A Review and Agenda on Initiating, Engaging, Performing and Contextualizing Entrepreneurship [J]. Journal of Management, 2019, 45 (1): 159-196.

［133］Shimizu K K. Risks of Corporate Entrepreneurship：Autonomy and Agency Issues［J］. Organization Science, 2012, 23（1）：194-206.

［134］Silberman B S. Forging Industrial Policy：The United States, Britain, and France in the Railway Age［M］. Cambridge：Cambridge University Press, 1995.

［135］Slater S F, Narver J C. Market Orientation and the Learning Organization［J］. Journal of Marketing, 1995, 59（3）：63-74.

［136］Soh P H. The Role of Networking Alliances in Information Acquisition and Its Implications for New Product Performance［J］. Journal of Business Venturing, 2003, 18（6）：727-744.

［137］Spekman R E, Spear J K, Kamauff J. Supply Chain Competency：Learning as a Key Component［J］. Supply Chain Management, 2002, 7（1）：41-55.

［138］Stopford J M, Baden-Fuller C W F. Creating Corporate Entrepreneurship［J］. Strategic Management Journal, 1994, 15（7）：521-536.

［139］Suddaby R. From the Editors：What Grounded Theory is Not［J］. Academy of Management Journal, 2006, 49（4）：633-642.

［140］Tatikonda M V. An Empirical Study of Platform and Derivative Product Development Projects［J］. Journal of Product Innovation Management, 1999, 16（1）：3-26.

［141］Thornton P H, Ocasio W, Lounsbury M. The Institutional Logics Perspective：A New Approach to Culture, Structure, and Process［M］. Oxford：Oxford University Press, 2012.

［142］Thornton P H. Markets from Culture［M］. Palo Alto：Stanford University Press, 2004.

［143］Tolstoy D, Agndal H. Network Resource Combinations in the International Venturing of Small Biotech Firms［J］. Technovation, 2010, 30（1）：24-36.

［144］Tracey P, Phillips N, Jarvis O. Bridging Institutional Entrepreneurship and the Creation of New Organizational Forms：A Multilevel Model［J］. Organization Science, 2011, 22（1）：60-80.

［145］Tseng C, Tseng C C. Corporate Entrepreneurship as a Strategic Approach for Internal Innovation Performance［J］. Asia Pacific Journal of Innovation and Entrepreneurship, 2019, 13（8）：108-120.

［146］Tung A C. Taiwan Semiconductor Industry：What the State Did and Did

Not [J]. Review of Development Economics, 2001 (2): 266-288.

[147] Uhlaner L, Thurik R. Postmaterialism Influencing Total Entrepreneurial Activity across Nations [J]. Journal of Evolutionary Economics, 2007, 17 (2): 161-185.

[148] Uzzi, Brian. Social Structure and Competition in Interfirm Networks: The Paradox of Embeddedness [J]. Administrative Science Quarterly, 1997, 42 (1): 35-67.

[149] Van Alstyne M W, Parker G G, Choudary S P. Pipelines, Platforms, and the New Rules of Strategy [J]. Harvard Business Review, 2016, 94 (4): 54-60.

[150] Walder A G. Local Governments as Industrial Firms: An Organizational Analysis of China's Transitional Economy [J]. American Journal of Sociology, 1995, 2 (101): 263-301.

[151] Wang C, Rodan S, Fruin M, et al. Knowledge Networks, Collaboration Networks, and Exploratory Innovation [J]. Academy of Management Journal, 2014, 57 (2): 459-514.

[152] Williamson O E. The Economic Institutions of Capitalism: Firms, Markets and Relational Contracting [M]. New York: The Free Press, 1985.

[153] Wolcott R C, Lippitz M J. The Four Models of Corporate Entrepreneurship [J]. MIT Sloan Management Review, 2007, 49 (1): 75-82.

[154] Yang Y. Bilateral Inter-organizational Learning in Corporate Venture Capital Activity [J]. Management and Organization Review, 2012, 35 (5): 352-378.

[155] Yao X G, Wen W X, Ren Z Q. Corporate Entrepreneurship in the Enterprise Clusters Environment: Influence of Network Resources and Entrepreneurial Orientation on Firm Performance [J]. Frontiers of Business Research in China, 2009, 3 (4): 566-582.

[156] Yin R. Case Study Research. Design and Methods (3nd ed.) [M]. Newbury Park, CA: Sage, 1994.

[157] Zahra S A, Nielsen A P, Bogner W C. Corporate Entrepreneurship, Knowledge and Competence Development [J]. Entrepreneurship Theory and Practice, 1999, 23 (3): 169-189.

[158] Zahra S A. Corporate Entrepreneurship and Financial Performance: The Case of Management Leveraged Buyouts [J]. Journal of Business Venturing, 1995

（10）：225-247.

［159］Zahra S A. Corporate Entrepreneurship as Knowledge Creation and Conversion：The Role of Entrepreneurial Hubs ［J］. Small Business Economics，2015，44（4）：727-735.

［160］Zhao Y L，Song M，Storm G L. Founding Team Capabilities and New Venture Performance：The Mediating Role of Strategic Positional Advantages ［J］. Entrepreneurship Theory and Practice，2013，37（4）：789-814.

［161］Zietsma C，Lawrence T B. Institutional Work in the Transformation of an Organizational Field：The Interplay of Boundary Work and Practice Work ［J］. Administrative Science Quarterly，2010，2（55）：189-221.

［162］阿尔弗雷德·韦伯. 工业区位论 ［M］. 李刚剑，陈志人，张英保，译. 北京：商务印书馆，1997.

［163］蔡莉，单标安，刘钊，等. 创业网络对新企业绩效的影响研究——组织学习的中介作用 ［J］. 科学学研究，2010，28（10）：1592-1600.

［164］蔡莉，单标安. 中国情境下的创业研究：回顾与展望 ［J］. 管理世界，2013（12）：160-169.

［165］蔡宁，潘松挺. 网络关系强度与企业技术创新模式的耦合性及其协同演化——以海正药业技术创新网络为例 ［J］. 中国工业经济，2008（4）：137-144.

［166］蔡宁，黄纯，孙文文. 集群风险自组织理论建构的探索式案例研究 ［J］. 中国工业经济，2011（7）：54-64.

［167］陈逢文，付龙望，张露，等. 创业者个体学习、组织学习如何交互影响企业创新行为？——基于整合视角的纵向单案例研究 ［J］. 管理世界，2020（3）：142-164.

［168］陈海峰，李杰. 组织间关系网络属性对二元式创新的影响——考虑探索式学习的中介作用 ［J］. 技术经济，2018，37（5）：48-54.

［169］陈劲，谢芳，贾丽娜. 企业集团内部协同创新机理研究 ［J］. 管理学报，2006（6）：733-740.

［170］陈夙，项丽瑶，俞荣建. 众创空间创业生态系统：特征、结构、机制与策略：以杭州梦想小镇为例 ［J］. 商业经济与管理，2015（11）：35-43.

［171］陈威如，余卓轩. 平台战略：正在席卷全球的商业模式革命 ［M］. 北京：中信出版社，2013.

［172］程贵孙，陈宏民，孙武军．双边市场下电视传媒平台兼并的福利效应分析［J］．管理科学学报，2009（2）：9-18.

［173］崔晓明，姚凯，胡君辰．交易成本、网络价值与平台创新：基于38个平台实践案例的质性分析［J］．研究与发展管理，2014，26（3）：22-31.

［174］戴维奇，魏江．集群企业创业行为的测度及其影响效应：以浙江永康五金产业集群为例［J］．科学学研究，2010，28（10）：1502-1510.

［175］董亮，赵健．双边市场理论：一个综述［J］．世界经济文汇，2012（1）：53-61.

［176］杜运周，尤树洋．制度逻辑与制度多元性研究前沿探析与未来研究展望［J］．外国经济与管理，2013，35（12）：2-10+30.

［177］龚丽敏，江诗松，魏江．产业集群创新平台的治理模式与战略定位：基于浙江两个产业集群的比较案例研究［J］．南开管理评论，2012，15（2）：59-69.

［178］韩炜，彭正银．关系视角下创业网络的形成过程研究［J］．中国软科学，2016（2）：89-104.

［179］韩炜，杨俊，陈逢文，等．创业企业如何构建联结组合提升绩效?：基于"结构—资源"互动过程的案例研究［J］．管理世界，2017（10）：130-149.

［180］韩炜，杨俊，张玉利．创业网络混合治理机制选择的案例研究［J］．管理世界，2014（2）：118-136.

［181］贺俊．技术创新、制度创新与产业升级："产业政策与创新"两岸学术研讨会会议综述［J］．中国工业经济，2014（9）：91-96.

［182］亨利·明茨伯格．战略历程：穿越战略管理旷野的指南［M］．魏江，等译．北京：机械出版社，2012.

［183］简兆权，刘晓彦，李雷．基于海尔的服务型制造企业"平台+小微企业"型组织结构案例研究［J］．管理学报，2017（11）：21-29.

［184］蒋春燕，赵曙明．社会资本和公司企业家精神与绩效的关系：组织学习的中介作用——江苏与广东新兴企业的实证研究［J］．管理世界，2006（10）：90-99+171-172.

［185］蒋开东，俞立平，霍妍．企业自主研发与协同创新绩效比较研究——基于面板数据与非期望产出效率的分析［J］．软科学，2015，29（2）：68-71.

［186］金京，戴翔，张二震．全球要素分工背景下的中国产业转型升级

［J］．中国工业经济，2013（11）：57-69.

［187］李雪灵，韩自然，董保宝，等．获得式学习与新企业创业：基于学习导向视角的实证研究［J］．管理世界，2013（4）：94-106.

［188］林嵩，姜彦福．创业网络推进创业成长的机制研究［J］．中国工业经济，2009（8）：109-118.

［189］刘江鹏．企业成长的双元模型：平台增长及其内在机理［J］．中国工业经济，2015（6）：148-160.

［190］刘静，范景明．创新价值链视角下中国互联网企业产品创新机制研究：基于腾讯1998-2016嵌套式多案例分析［J］．科研管理，2019，40（5）：35-46.

［191］刘颜楷，尤建新．互联网智能时代的多维度创新整合［J］．科学学研究，2019，37（4）：760-768.

［192］刘友金，罗发友．基于焦点企业成长的集群演进机理研究——以长沙工程机械集群为例［J］．管理世界，2005（10）：159-161.

［193］刘志阳，李斌，庄欣荷．初创企业创业机会迭代机制研究［J］．科学学研究，2019，37（3）：500-516.

［194］罗家德，张田，任兵．基于"布局"理论视角的企业间社会网络结构与复杂适应［J］．管理学报，2014，11（9）：1253-1264.

［195］罗仲伟，李先军，宋翔，等．从"赋权"到"赋能"的企业组织结构演进：基于韩都衣舍案例的研究［J］．中国工业经济，2017（9）：174-192.

［196］罗仲伟，任国良，焦豪，等．动态能力、技术范式转变与创新战略：基于腾讯微信"整合"与"迭代"微创新的纵向案例分析［J］．管理世界，2014（8）：152-168.

［197］潘松挺，郑亚莉．网络关系强度与企业技术创新绩效——基于探索式学习和利用式学习的实证研究［J］．科学学研究，2011，29（11）：1736-1743.

［198］彭正龙，何培旭．企业战略导向的权变选择及差别绩效效应：探索式/利用式学习的中介作用和产业类型的调节作用［J］．管理评论，2015，27（5）：121.

［199］浦世亮，本刊编辑部．海康威视：视频感知国家新一代人工智能开放创新平台［J］．杭州科技，2019（6）：23-24.

［200］双华军．产业集群创业环境、创业导向与创业绩效影响关系研究［D］．华中科技大学，2011.

[201] 宋立丰，宋远方，冯绍雯．平台—社群商业模式构建及其动态演变路径：基于海尔、小米和猪八戒网平台组织的案例研究 [J]．经济管理，2020，42（3）：117-132.

　　[202] 孙军，高彦彦．产业结构演变的逻辑及其比较优势：基于传统产业升级与战略性新兴产业互动的视角 [J]．经济学动态，2012（7）：70-76.

　　[203] 孙晓雅，陈娟娟．创新网络关系强度与创新模式关系的研究综述 [J]．技术与创新管理，2016，37（2）：134-140.

　　[204] 孙早，刘坤．政企联盟与地方竞争的困局 [J]．中国工业经济，2012（2）：5-15.

　　[205] 托马斯·W.李．组织与管理研究的定性方法 [M]．吕力，译．北京：北京大学出版社，2014.

　　[206] 汪旭晖，张其林．平台型网络市场"平台—政府"双元管理范式研究：基于阿里巴巴集团的案例分析 [J]．中国工业经济，2015（3）：135-147.

　　[207] 王凤彬，王骁鹏，张驰．超模块平台组织结构与客制化创业支持：基于海尔向平台组织转型的嵌入式案例研究 [J]．管理世界，2019，35（2）：121-150.

　　[208] 王会娟，廖理．中国 P2P 网络借贷平台信用认证机制研究：来自"人人贷"的经验证据 [J]．中国工业经济，2014（4）：136-147.

　　[209] 王缉慈，童昕．论全球化背景下的地方产业群：地方竞争优势的源泉 [J]．战略与管理，2001（6）：28-36.

　　[210] 王建平，吴晓云．竞合视角下网络关系强度、竞合战略与企业绩效 [J]．科研管理，2019，40（1）：121-130.

　　[211] 王玲玲，赵文红，魏泽龙．创业制度环境、网络关系强度对新企业组织合法性的影响研究 [J]．管理学报，2017，14（9）：1324-1331.

　　[212] 王伟光，冯荣凯，尹博．产业创新网络中核心企业控制力能够促进知识溢出吗？[J]．管理世界，2015（6）：99-109.

　　[213] 王扬眉，梁果，李爱君，等．家族企业海归继承人创业学习过程研究：基于文化框架转换的多案例分析 [J]．管理世界，2020，36（3）：120-142.

　　[214] 魏江，郑小勇．关系嵌入强度对企业技术创新绩效的影响机制研究——基于组织学习能力的中介性调节效应分析 [J]．浙江大学学报（人文社会科学版），2010，40（6）：168-180.

　　[215] 魏江，陈志辉，张波．企业集群中企业家精神的外部经济性考察

［J］．科研管理，2004（2）：20-25.

［216］魏龙，党兴华．惯例跨期性耦合与迭代创新：被调节的中介效应［J］．科学学研究，2018，36（5）：933-945.

［217］吴晓波，韦影．制药企业技术创新战略网络中的关系性嵌入［J］．科学学研究，2005（4）：561-565.

［218］吴晓云，王建平．网络关系强度对技术创新绩效的影响——不同创新模式的双重中介模型［J］．科学学与科学技术管理，2017，38（7）：155-166.

［219］吴义爽，蔡宁．我国集群跨越式升级的“跳板”战略研究［J］．中国工业经济，2010（10）：55-64.

［220］吴义爽，徐梦周．制造企业“服务平台”战略、跨层面协同与产业间互动发展［J］．中国工业经济，2011（11）：48-58.

［221］吴义爽．龙头企业战略创业的产业集群升级：以海宁皮革集群为例［J］．科研管理，2016，37（7）：54-61.

［222］吴义爽．平台企业主导的生产性服务业集聚发展研究［J］．科研管理，2014，35（7）：20-26.

［223］肖静华，胡杨颂，吴瑶．成长品：数据驱动的企业与用户互动创新案例研究［J］．管理世界，2020，36（3）：183-205.

［224］谢康，吴瑶，肖静华，等．组织变革中的战略风险控制：基于企业互联网转型的多案例研究［J］．管理世界，2016（2）：133-148+188.

［225］胥莉，陈宏民．银行卡定价理论的新发展：兼论对我国银行卡POS交易价格形成机制的启示［J］．中国工业经济，2006（6）：24-31.

［226］胥莉，陈宏民，潘小军．具有双边市场特征的产业中厂商定价策略研究［J］．管理科学学报，2009，12（5）：10-17.

［227］杨隽萍，唐鲁滨，于晓宇．创业网络、创业学习与新创企业成长［J］．管理评论，2013，25（1）：24-33.

［228］于海波，郑晓明，方俐洛，等．如何领导组织学习：家长式领导与组织学习的关系［J］．科研管理，2008，29（5）：180-186.

［229］余传鹏，林春培，张振刚，等．专业化知识搜寻、管理创新与企业绩效：认知评价的调节作用［J］．管理世界，2020，36（1）：146-166+240.

［230］云乐鑫，杨俊，张玉利．创业企业如何实现商业模式内容创新？——基于“网络—学习”双重机制的跨案例研究［J］．管理世界，2017（4）：119-137+188.

［231］张杰，张少军，刘志彪．多维技术溢出效应、本土企业创新动力与产业升级的路径选择：基于中国地方产业集群形态的研究［J］．南开经济研究，2007（3）：47-67+143.

［232］张杰盛，李海刚，韩丽川．虚拟社区互动性对迭代创新绩效影响的实证研究［J］．工业工程与管理，2017，22（5）：128-134.

［233］张默，任声策．创业者如何从事件中塑造创业能力？——基于事件系统理论的连续创业案例研究［J］．管理世界，2018，34（11）：134-149+196.

［234］张小宁，赵剑波．新工业革命背景下的平台战略与创新：海尔平台战略案例研究［J］．科学学与科学技术管理，2015，36（3）：77-86.

［235］赵付春，焦豪．产业升级的微观实现机制研究：基于双元性理论的视角［J］．科学学与科学技术管理，2011，32（5）：79-85.

［236］郑胜华，池仁勇．核心企业合作能力、创新网络与产业协同演化机理研究［J］．科研管理，2017，38（6）：28-42.

［237］周冬梅，陈雪琳，杨俊，等．创业研究回顾与展望［J］．管理世界，2020，36（1）：206-225.

［238］周黎安．中国地方官员的晋升锦标赛模式研究［J］．经济研究，2007（7）：36-50.

［239］周雪光，艾云．多重逻辑下的制度变迁：一个分析框架［J］．中国社会科学，2010（4）：132-150+223.

［240］周雪光．基层政府间的"共谋现象"：一个政府行为的制度逻辑［J］．社会学研究，2008（6）：1-21+243.

［241］周雪光．组织社会学十讲［M］．北京：社会科学文献出版社，2003.

［242］朱嘉红，邬爱其．基于焦点企业成长的集群演进机理与模仿失败［J］．外国经济与管理，2004（2）：33-37.

［243］朱晓红，陈寒松，张腾．知识经济背景下平台型企业构建过程中的迭代创新模式：基于动态能力视角的双案例研究［J］．管理世界，2019，35（3）：142-156.

［244］朱秀梅，李明芳．创业网络特征对资源获取的动态影响：基于中国转型经济的证据［J］．管理世界，2011（6）：105-115.

# 附　录

## 附录1　调查问卷

尊敬的女士/先生：

您好！

本调查旨在了解企业的基本情况以及企业通过创业网络进行企业创业的相关信息，为企业进行网络关系的管理提供理论指导和政策建议。本问卷所获得的数据仅供科学研究之用，您提供的信息我们都会予以严格保密，不以任何形式向任何人泄露有关贵企业的商业信息。非常感谢您在百忙之中协助我们完成调查任务，希望研究成果能为贵企业的发展提供有益的参考。

浙江财经大学工商管理学院

### 一、企业基本情况

（请根据实际情况在合适的"□"内打"√"或圈出您想选择的选项）

Q1-01 企业现有规模：

□低于50人　　　　　　□51~300人

□301~1000人　　　　　□1000人以上

Q1-02 企业成立年限：

□3年以下　　　　　　□4~6年

□7~10年　　　　　　□10年以上

Q1-03 企业股权性质：

☐民营企业　　　　　☐国有企业

☐中外合资企业　　　☐外商独资企业

Q1-04 企业近两年年均销售总额：

☐100 万元以下　　　☐100 万~500 万元

☐500 万~1000 万元　☐1000 万~3000 万元

☐3000 万~5000 万元　☐5000 万元以上

Q1-05 您在贵公司的职位：

☐高层管理人员　　　☐中层管理人员

☐基层管理人员　　　☐普通职员

## 二、企业创业网络

（每题共有 5 个选项，每个选项中从 1 到 5 代表了您对本题项的同意程度，其中 1＝非常不同意，2＝不太同意，3＝一般同意，4＝比较同意，5＝非常同意；请您根据实际情况进行选择）

| Q2-01 | 企业与合作伙伴①之间的互动交流非常频繁 | 1 | 2 | 3 | 4 | 5 |
|---|---|---|---|---|---|---|
| Q2-02 | 企业与合作伙伴的交流持续了很多年 | 1 | 2 | 3 | 4 | 5 |
| Q2-03 | 企业与合作伙伴之间会定期见面，并就近期的情况进行交谈 | 1 | 2 | 3 | 4 | 5 |
| Q2-04 | 企业为双方的合作投入了大量的人力资源 | 1 | 2 | 3 | 4 | 5 |
| Q2-05 | 企业为双方的合作投入了大量的资金 | 1 | 2 | 3 | 4 | 5 |
| Q2-06 | 企业为双方的合作投入了大量的社会资源 | 1 | 2 | 3 | 4 | 5 |

## 三、创业学习

（每题共有 5 个选项，每个选项中从 1 到 5 代表了您对本题项的同意程度，其中 1＝非常不同意，2＝不太同意，3＝一般同意，4＝比较同意，5＝非常同意；请您根据实际情况进行选择）

| Q3-01 | 企业倾向于寻找解决问题的常用方法 | 1 | 2 | 3 | 4 | 5 |
|---|---|---|---|---|---|---|
| Q3-02 | 企业倾向于寻找容易实施且能保障企业生产力的有关方法与信息 | 1 | 2 | 3 | 4 | 5 |

---

①　合作伙伴指经销商、供应商、顾客、高校及研究机构、咨询服务机构等网络成员。

| Q3-01 | 企业倾向于寻找解决问题的常用方法 | 1 | 2 | 3 | 4 | 5 |
|---|---|---|---|---|---|---|
| Q3-03 | 企业倾向于寻找那些普遍应用的已被证明的解决市场或产品问题的方案 | 1 | 2 | 3 | 4 | 5 |
| Q3-04 | 企业倾向于收集信息（如对现有客户和竞争对手的调查）来了解和更新项目和市场经验 | 1 | 2 | 3 | 4 | 5 |
| Q3-05 | 企业强调利用与现有经验相关的知识 | 1 | 2 | 3 | 4 | 5 |
| Q3-06 | 企业倾向于寻求高风险且未曾试验的市场或产品信息 | 1 | 2 | 3 | 4 | 5 |
| Q3-07 | 企业倾向于收集尚未识别的市场或产品需求信息进行试验 | 1 | 2 | 3 | 4 | 5 |
| Q3-08 | 企业倾向于获取新知识可以带领企业进入新领域（如新市场、新技术领域） | 1 | 2 | 3 | 4 | 5 |
| Q3-09 | 企业倾向于收集超越当前市场和技术经验的新信息和新理念 | 1 | 2 | 3 | 4 | 5 |
| Q3-10 | 企业强调不断学习新知识，寻求新的市场和技术 | 1 | 2 | 3 | 4 | 5 |

## 四、企业创业

（每题共有 5 个选项，每个选项中从 1 到 5 代表了您对本题项的同意程度，其中 1 = 非常不同意，2 = 不太同意，3 = 一般同意，4 = 比较同意，5 = 非常同意；请您根据实际情况进行选择）

| Q4-01 | 企业开展管理理念的创新 | 1 | 2 | 3 | 4 | 5 |
|---|---|---|---|---|---|---|
| Q4-02 | 企业不断应用新的技术 | 1 | 2 | 3 | 4 | 5 |
| Q4-03 | 企业不断研发新的产品 | 1 | 2 | 3 | 4 | 5 |
| Q4-04 | 企业不断开展新的业务 | 1 | 2 | 3 | 4 | 5 |
| Q4-05 | 企业不断进入新的市场 | 1 | 2 | 3 | 4 | 5 |
| Q4-06 | 企业开展企业并购、风险投资等行为 | 1 | 2 | 3 | 4 | 5 |

再次感谢您完成此问卷！

# 附录 2　企业实地访谈提纲

## 一、相关概念解析

（1）创业网络：贵企业在创业过程中，与其他企业、组织机构或客户（如供应商、客户、同行业竞争者以及科研机构、中介机构、行业协会、金融机构和政府职能部门）之间通过技术交流、商务交易或信息沟通等互动形式，形成的交往关系集合。

（2）创业学习：贵企业在创业过程中发生的学习行为。当企业创造新的知识去把握新技术与新商业机会即产生了探索式学习，如在企业内部应用从未出现过的技术；当企业获得存在于组织外的现有知识开展低风险的学习即产生了利用式学习，如企业采取新的管理理念。

（3）创业行为：贵企业的创业行为主要表现为新产品的开发、新技术的应用、新业务的开拓、管理理念的创新、企业并购、风险投资等。

### 二、企业创业的基本情况

（1）企业创业方面的统计数据的总结和分析（专利数、新产品数、新产品销售量、企业风险投资额、技术投入和引进的金额等数据）。

（2）企业开展创业行为的几个阶段，以及每个阶段的主要创新成果。

（3）企业在不同阶段的主要的创业方式（技术引进、战略联盟、协同创新、自主创新、海外并购等）。

### 三、创业网络关系特征

（1）贵企业从什么时候开始与其他组织开展合作，且在合作过程中接触的频率如何？

（2）贵企业与合作伙伴之间合作了哪些项目，具体采取了哪些合作方式？

（3）贵企业与合作伙伴的合作过程中投入了哪些资源（包括人、财、物等）？

（4）贵企业与合作伙伴在合作过程中的信任情况、联合解决问题的频率如何？

（5）贵企业的合作伙伴在企业创业过程中，对复杂知识隐性的、不可编码的、系统的知识对新产品开发、产品质量提升、工艺改进和成本控制等方面的作用如何？

### 四、创业网络的管理

（1）贵企业通过哪些方式来强化与合作伙伴的关系？

（2）在企业创业过程中，贵企业如何根据公司战略需要来筛选有用的合作伙伴？

（3）您认为采取什么样的机制和方法有助于与创新伙伴之间发展良性的互动关系？

# 附录 3　本书案例企业介绍

## 一、杰克缝纫机股份有限公司

杰克缝纫机股份有限公司（以下简称"杰克"）于 2003 年 8 月 27 日在浙江省工商行政管理局登记成立，是一家专门进行工业缝制机械的研发、生产和销售的民营企业。经过多年的经营和发展，已成为行业领先的缝制机械制造商和全球缝制机械行业中产销规模最大的企业之一。

杰克以技术研发为驱动企业发展的核心动力，早在 2006 年，公司就引进了先进的 IPD（集成产品开发）理念，经过多年的摸索实践，形成了一套较为完善的技术研发体系。同时，杰克组建了一支颇具规模的研发团队，其中包括大量高学位人才，截至 2017 年 12 月 31 日，公司研发团队近 700 人，其中博士 7 人，硕士 55 人。截至 2018 年 6 月 30 日，公司共拥有有效专利 980 项，其中发明专利 217 项，实用新型专利 584 项，外观设计专利 179 项，连续 5 年缝制机械行业发明专利申报数量居全球前列。

（一）主营产品介绍

1. 平缝机

平缝机在缝纫设备中是最基本的车种，最高缝纫速度是 4000~5000rpm，主要是用一根缝纫线，在缝料上形成一种线迹，使一层或多层缝料交织或缝合起来的机器。

2. 绷缝机

绷缝机是利用针、梭两种缝线使梭线在缝料底面形成单面覆盖链式线迹，或在缝料正面再增加覆盖线形成双面覆盖链式线迹，将两层或多层缝料缝合的工业用缝纫机，其正面的覆盖线主要起美观装饰作用。

3. 包缝机

包缝机也称打边车、码边机、及骨车，一般分三线、四线、五线。主要功能是防止服装的缝头起毛。包缝机不仅能够用于包边，还能应用于缝合 T 恤、运动服、内衣、针织等面料。包缝机裁与缝纫可同时进行，线迹如同网眼，也适用于弹性面料。

4. 特种机

特种机包括但不仅限于捆条机、验布机、对丝机、套结机、粘衬机、多功能花式机，是根据生产的需求选择的特殊缝纫机机种。

（二）杰克的国际化进程

1. 标的公司

2009 年，杰克收购了国际著名裁床企业德国拓卡和德国奔马，开创了中国缝制行业海外并购的先河；2017 年，并购意大利衬衫制造专家——MAICA（迈卡）公司；2018 年 7 月，收购意大利牛仔裤工业缝纫机领域的领军企业——威比玛公司。

德国奔马是全球三大自动裁床供应商之一，拥有 80 多年技术沉淀和服装 CAM "奔驰" 美称，以自动裁床系列产品在服装界及软制品行业享有盛誉，奔马自动裁床系列产品以高精的技术、快速的服务、高度的适用性及经济的使用和维护成本著称。杰克收购拓卡和奔马后将公司更名为德国拓卡奔马公司，驻地在浙江省临海市，分别在美国、英国、意大利等国设立了分公司，并在 40 多个国家设有办事处和代理机构。

迈卡是一家从事服装业机器领域的公司，专门设计和制造了一种新型的口袋冲压机，并获有专利，曾创造出全自动缝纫系统，这在服装工业领域是独一无二的。

威比玛是一家牛仔服装自动化设备全球领先的企业，拥有先进的牛仔服装自动化设备生产技术，中国作为全球最大的牛仔服装生产基地，可以帮助威比玛有更大的销售市场，杰克与威比玛的结合为双方创造了更多的发展机遇，开辟了更大的市场。

2. 发展历程

杰克的国际化经营旨在突破技术瓶颈，通过收购以及境外设立研发机构等形式提升研发能力、核心技术能力、强化品牌，提升竞争优势推动企业转型升级。

自 2006 年起，杰克就萌生了国际并购的想法。在并购德国拓卡和奔马以前，杰克试图通过收购全球缝制设备行业里的顶级品牌百福来提高自身影响力，百福拥有行业内最顶端的生产链、研发技术。但经过了两年多的谈判后，由于各种原因，此次并购以失败告终。

并购百福失败后，杰克吸取教训，先收购了德国拓卡，再由拓卡去并购奔马，完成并购，并组建了德国、西安、杭州、台州等多地联动的协同研发平台，开创了中国缝制行业民营企业境外并购的先河，杰克也因此迅速提高了市场占有率，树立了良好的品牌形象。2010 年，杰克销售收入比上一年整整增长了 2 倍。从并购策略角度，杰克采用的是"非股权并购"策略，仅收购了拓卡奔马的资金部分，同时引进了其专业的人才和技术人员，增加了商誉，剥离了其负债部分，因此规避了很大的风险。从被收购的企业角度，杰克采用的是整合模式，被收购企业仍由德国人管理，淡化了两国的文化差异。在多次的沟通和交流后，杰克的企业文化及战略目标得到了德国工会的认可。

融入吸收奔马以后，杰克的海外并购更加迅猛。2017 年 7 月，杰克以 650 万欧元收购拥有 40 多年历史的意大利衬衫制造专家——MAICA（迈卡）公司 100% 股权，标志着杰克从"缝制设备制造商"向"智能制造成套解决方案服务商"转型升级走出了跨越性的一步。此次并购将杰克与迈卡的先进技术强强联合，推动杰克成为服装智造的缔造者和先行者。2018 年 2 月，杰克股份发布公告称将收购意大利 FINVER S. p. A 的全部股份、VL. BE. MAC. S. p. A. 30% 的股份以及 VINCO S. r. l. 95% 的注册股份，总收购价为 2280 万欧元（约合人民币 1.72 亿元）。此次杰克股份收购的三家意大利服装自动化公司的内部存在股份投资关系，FINVER 公司分别持有另两家公司 VBM 和 VINCO 各 50% 的股权，而杰克股份的收购目标是 VBM 公司，杰克股份希望通过收购 VBM 进入生产牛仔服装自动化设备领域，从而进一步提升企业在自动缝制设备方面的研发水平和研发实力，开拓公司的产品种类，扩大市场。

此后，杰克先后在德国梅尔斯泰腾、中国台州、临海、杭州、西安、武汉、意大利米兰等地设立研发基地。杰克也注重技术专利的申请与保护，先后申请发明专利 502 项，连续 5 年成为行业申报数量最多的企业。未来，杰克将继续瞄准行业细分领域，持续加强国际合作，加快产业回归步伐，将技术和人才落地在台州，把产业和工厂布局在台州，助力台州高质量发展，争取早日实现缝制设备千亿产业的目标，做大做强"台州制造"。

（三）经营情况分析

1. 毛利率持续增长，盈利水平提高

2011~2018 年，杰克的营业总收入稳步增加，由 13.5 亿元增长到 32.3 亿元，毛利率从 23.16% 提升到了 28.25%，尤其是在 2017 年和 2018 年，杰克的营业收入和毛利率都有了跨越式的飞跃。面对国际市场的变动，在整体盈利空间不断被压缩的形势下，2011 ~ 2018 年，杰克的销售净利率从 5.17% 提升到了 11.49%（见附表 1）。

附表 1　2011~2018 年杰克财务指标

| 年份 | 2011 | 2012 | 2013 | 2014 | 2015 | 2016 | 2017 | 2018 |
|---|---|---|---|---|---|---|---|---|
| 营业总收入（亿元） | 13.5 | 10.3 | 15.5 | 17.2 | 15.9 | 18.6 | 27.9 | 32.3 |
| 毛利润（亿元） | 3.08 | 2.61 | 4.42 | 4.79 | 4.66 | 5.67 | 8.35 | 8.92 |
| 销售毛利率（%） | 23.16 | 25.86 | 29.07 | 28.34 | 29.98 | 31.33 | 30.73 | 28.25 |
| 销售净利率（%） | 5.17 | 5.01 | 11.28 | 11.35 | 10.64 | 11.89 | 11.62 | 11.49 |

2. 以新型产业为主，国内外产业共同发展

2017 年和 2018 年，杰克接连收购了两家意大利企业，在 2018 年前半年，杰克已实现营业收入 20.5 亿元，同比增长 48.38%；归属于上市公司股东的净利润 2.2 亿元，同比增长 57.34%。从行业的角度看，杰克将主营业务收入集中在工业方面，2018 年工业毛利率达 27.43%。从产品分类看，杰克主要生产研发工业缝纫机，2018 年新增了智能缝制，推动企业产品更新。从地区分类看，杰克对国内市场和国外市场同样关注，2018 年上半年投入境外的毛利率达 28.40%。

3. 研发投入大，研发人员精简

缝制机械设备品种繁多，涉及的技术如机械、电机和电控十分复杂，设计研发能力是缝制机械行业重要核心竞争力之一。具有较强研发实力的企业能够快速应对用户行业需求的发展趋势，提升产品附加值，实现缝制设备的自动化、智能化和节能化，增强企业的竞争力。从附表 2 可以看出，2017 年杰克研发投入 13473 万元，同比增长了 49.07%，而同年研发人员数量占公司总人数减少了 24.92%。2018 年，杰克不断加大研发投入，进行技术创新及技术储备，共申请发明专利 115 项，实用新型 62 项，外观设计 12 项，合计 189 项；授权发明专利 25 项，实用新型 67 项，外观设计 33 项，合计 125 项。

附表 2　2016 年和 2017 年杰克研发投入

| 年份 | 2016 | 2017 | 变动比例（%） |
|---|---|---|---|
| 本期费用化研发投入（元） | 90383796.54 | 134732827.04 | 49.07 |
| 本期资本化研发投入（元） | 0 | 0 | 0 |
| 研发投入合计 | 90383796.54 | 134732827.04 | 49.07 |
| 研发投入总额占营业收入比例（%） | 4.87 | 4.83 | -0.82 |
| 公司研发人员的数量（人） | 562 | 651 | 15.84 |
| 研发人员数量占公司总人数的比例（%） | 15.93 | 11.96 | -24.92 |
| 研发投入资本化的比重（%） | 0 | 0 | 0 |

4. 产业结构调整导致成本居高不下

在杰克产业发展的过程中，一些结构上的问题给发展带来滞缓，其中两个显著的问题是：第一，为了满足不同层级客户的不同需求，杰克的产品型号多达2000 多种，产生了过高的管理成本，资源分散、发力迟钝。第二，当企业产品同质化较高、技术含量较低、风险难以转移时，在面对市场风险时利润水平将会出现大幅波动，在产业过程调整中存在被淘汰的风险。

针对这两个问题，杰克有效调整了企业的产业结构，保证了经济向好发展：第一，集中公司的资源和优势，从原来的中高端市场转变为聚焦中小服装企业，从原来的全面撒网改变为聚焦重点战略市场，精耕细作，实现产品结构的优化调整和全面布局。第二，通过知识经济和科技开发带动企业发展，通过成本转嫁和生产的规模效应来分散风险。

（四）战略布局分析

根据近年来的产品销售情况、营业收入以及增速，杰克制定了一系列的经营战略，并根据趋势预测规律。随着智能化的开启，杰克也进一步加大了智能物联缝纫机的研发，并在这一领域遥遥领先。

随着智能化进程的加速，缝纫机变身"数据收集者""成本分析者""效能改善者"，拥有了"大脑"的智能物联网缝纫机，会思考、会反馈，性能也比以往更加稳定。缝纫机行业的颠覆性改革也使得新产品的销量一路攀升。

2015 年杰克将公司定位升级为服装智能制造成套解决方案服务商，为最终客户提供智能设备，同时提供以智能设备为载体的数据服务，助力行业数字化转型。杰克通过提升产品的效能，根据市场受欢迎程度和销售走势来制定经营销售战略，而产品的智能化与更新迭代也成为杰克的主营战略之一。

以数据沟通物联网将成为产业的下一个"爆发点"。这是杰克的未来，也会是整个缝纫机发展的未来。通过大量的技术研发，杰克推动整个行业向更高质量发展。可以看到，聚焦缝纫机主业的杰克股份，连续多年实现超行业增长。根据中国缝制机械协会统计数据显示，2018 年上半年行业百家整机企业累计完成主营业务收入 107.6 亿元，同比增长 22.44%。而杰克股份的半年报显示，2018 年上半年公司实现营业收入 20.5 亿元，同比增长 48.38%；实现净利润 2.2 亿元，同比增长 57.34%，大幅超过行业整体情况。

（五）杰克股份核心逻辑：聚焦、创新、尊重

1. 聚焦缝纫机行业，拓展产业链条

以"即使是做一颗螺丝钉，我们也要做全球最好的"为理念，杰克聚焦缝

制设备近 30 年，并成为全球最大的缝纫机制造商。同时，聚焦并不意味着故步自封，近年来，从节能电机到自动裁床，杰克不断进行产业链上下游的延伸，杰克的所有收购都是为了战略而收购，而不是为了收购而收购。目前，杰克已成为世界缝制设备行业唯一一家集缝前、缝中为一体的缝制成套方案解决服务商，拥有工业缝纫机、自动裁床等产业，产品销往全球 130 多个国家和地区。

如 2017 年和 2018 年杰克收购的两家意大利公司——迈卡和威比玛，它们都是细分的智能缝纫机制造领域的冠军。在缝纫机行业的智能化发展中，迈卡、威比玛探索了几十年，杰克的收购战略是非常清晰的，如果自己单独去做，可能还要几十年才能发展起来。

2. 致力于创新法则，加快产品更新迭代

在行业门槛低、行业自律性差、低价竞争现象普遍存在的情况下，杰克能异军突起，与技术创新不无关系。除了规模产能优势，杰克每年的研发投入也是行业第一，获取的专利数量已经连续五年全球排名第一。

杰克的"创新"理念，不只是贴在墙上，而是实实在在地落到实处。一方面，杰克与清华大学、浙江大学、杭州自动化技术研究院等合作，建立国家级企业技术中心、国家级博士后工作站、院士工作站等。另一方面，杰克组建了创新考核小组，由公司总监级人员组成，创新指标和员工的考核挂钩。在每个考核期内，员工将创新成果上报到公司创新考核小组。

近年来，杰克相继开发了无油、伺服直驱、光机电一体化、智能化等高附加值的新一代机型，使产品朝无油化、直驱化、智能化和更加人性化的方向发展。而且，在迭代开发思路的影响下，杰克的产品更新周期一般在 8 个月左右。产品结构的不断升级优化，引得行业叫好声一片。

杰克的双针技术、花样机技术、开袋机技术和无油直驱技术的创新，在国内处于领先水平，特别是在动平衡的研究、降低噪声、传动机构的改进和自动控制系统等高科技产品的自主研发等方面，杰克做了不少工作，并取得了显著成效，打破了国内高档缝纫机产品主要依赖进口的格局。

翻开杰克财务报表，可以看到，杰克每年投入销售总额的 4.8% 用于新品研发。德国、意大利、北京、杭州、武汉、西安等国内外九大研发中心、近 700 人的研发团队，从基础性能、智能产品、高端装备等不同层次开展梯度式研究，创新性地把物联网技术、传感技术等新技术应用于工业缝制装备。

3. 尊重文化差异，协同共赢发展

杰克从 2000 年开始做国际贸易，2007 年开始产业布局全球化。全球化的发展，要求企业有全球化的动作思维。收购欧洲的企业，就要实现本地化生产、本地化经营，以及人才本地化。虽然收购的欧洲公司都是杰克股份的全资子公司，但两者的文化差异不容小觑。杰克股份创始人阮积祥指出，尊重是发展的首要前提，尊重他们的发展，尊重他们的技术，尊重他们的创造力，只有在尊重的基础上，才能够获得他们的信任。在互相信任的基础上，双方才能有更好的技术转移和合作，使双方协同发展。

2009年7月，杰克成功收购德国拓卡公司和奔马公司，两家公司整合后的新公司更名为德国拓卡奔马公司。阮积祥说："奔马的员工到台州来，都把他们当客人招待。而杰克的中国员工到奔马去学习，都要举行拜师仪式，这些工作的开展，最后也形成了双赢。"

### 二、厦门南讯软件科技有限公司

厦门南讯软件科技有限公司（Nascent）（以下简称"南讯"）创立于2010年，是一家始终以技术和产品为驱动，帮助大消费领域企业提供客户资源管理（CRM）解决方案的公司。经过多年的发展，南讯已成为中国大消费领域客户数据挖掘与运用的贴身管家（见附图1）。目前，南讯帮助零售企业管理着超过4亿的消费者，专注成为新消费领域的"探路者"。

**2010年10月南讯成立**

**2011年**

| | |
|---|---|
| 3月 | 客道品牌创立 |
| 6月 | 客道CRM/客道精灵发布 |
| 7月 | 开启电商数据化CRM先河 |
| 11月 | 引领"双十一"卖家大促风向 |

**2012年**

| | |
|---|---|
| 3月 | 阿里唯一CRM金牌服务商 |
| 5月 | 服务高端电商突破1000家 |
| 7月 | 在厦门设立大型技术研发中心 |
| 11月 | "双十一"当日API破1亿元 |

**2013年**

| | |
|---|---|
| 2月 | 国家"双软"认证 |
| 9月 | 客道学院成立 |
| 10月 | 主流电商平台接入超30家 |
| 11月 | "双十一"API再创行业第一 |

**2014年**

| | |
|---|---|
| 3月 | 首倡全渠道企业CRM解决方案ECRP |
| 5月 | 发布全新行业最优质全程顾问式服务模式 |
| 11月 | 再创"双十一"全平台交易额新纪录 |
| 12月 | 电商高端CRM市场占有率第一 |

**2015年**

| | |
|---|---|
| 6月 | 获A轮6000万元融资 |
| 8月 | 爱互动掀起客户互动新浪潮 |
| 9月 | 互动理念深刻植入客道体系 |
| 11月 | 以101亿元揽下"双十一"11%销售额 |

**2016年**

| | |
|---|---|
| 1月 | 行业唯一八次蝉联金牌服务商 |
| 2月 | 通过CMMI-3国际认证 |
| 3月 | 客道CRM6.0、爱互动2.0发布 |
| 10月 | 全新数据处理引擎"闪电"发布 |
| 11月 | 208亿元揽下"双十一"17.2%交易额 |

**2017年**

| | |
|---|---|
| 5月 | 多谋SCRM发布 |
| 8月 | 荣获"2017中国大数据企业50强"<br>荣获"国家电子商务示范企业"<br>荣获"福建省科技小巨人领军企业" |
| 9月 | 荣获"福建省互联网企业20强" |
| 11月 | 客道CRM助力商家达成352亿元交易额 |
| 12月 | 荣获"2017年度金麦奖生态类大奖·最佳技术服务奖"<br>荣获"国家高新技术企业" |

**2018年**

| | |
|---|---|
| 1月 | 组织架构升级，建立三大产品事业部：客道云事业部、社交云事业部、ECR事业部 |
| 4月 | 荣获"最具价值企业奖" |
| 8月 | 荣获"2018中国大数据企业50强"<br>南讯软件CEO陈碧勇荣获"2018年度中国数据英雄"<br>荣获"2018年度中国大数据·全渠道行业最佳解决方案" |

附图1 南讯软件发展史

南讯拥有员工400余人，其中精英科研团队达到150余人，拥有独立自主研发与创新能力；六大本地化服务中心、专业服务顾问100余人"7×24"全时服务七大全体系产业类目。南讯还建立了覆盖厦门、杭州、北京、青岛、广州五大核心零售产业都市，辐射华北、华东、华中、华南四大板块的全国性商务和服务网络，为全国客户提供综合化服务，践行着南讯始终不渝的信念与追求——"为客户创造持续价值"。

南讯连续多年享誉高端CRM市场，CRM覆盖的企业2018年"双十一"当天销售额达402亿元。目前，南讯已与天猫、淘宝、京东、当当、亚马逊等30多个国内外主流平台对接，并累计为超过50多万家零售品牌提供服务（见附图2），包括蒙牛、美的、九阳、同仁堂等国内知名品牌，以及GAP、雅诗兰黛、索尼、戴尔、娇韵诗等国际品牌。通过数据的挖掘和应用，南讯继续致力于为广大合作伙伴提供数字化、智能化的CRM解决方案，在新消费领域中和行业同仁共同推动整个CRM行业的发展。

为超过 **534000** 家企业提供服务

**附图2 南讯软件客户群落**

（一）发展大事件

2019年1月，南讯荣获"年度杰出品牌服务商"；3月，南讯荣登"2019中国大数据投资价值百强榜"；4月，南讯联合数十家企业发布"彩虹图书馆计划"，并举办"超级连接·2019南讯产品发布会"；6月，南讯荣获"2019年优秀软件产品"和"2019年优秀应用解决方案"；7月，南讯举办了2019数字化转型首席信息官大会；11月，南讯CRM产品服务的电商企业在"双十一"当天销售额达 557 亿元交易量；12 月，南讯成为"阿里云飞天生态合作伙伴"，荣获"厦门市科技进步奖""年度最佳全渠道零售解决方案奖"以及"2019 未来零售新服务 TOP30"。

2020 年 5 月 25 日，福建省数字办正式公布 2020 年全省数字经济领域创新企业名单，厦门南讯股份有限公司荣获 2020 年福建省数字经济领域"瞪羚"创新企业称号。此次征集遴选活动在于发掘数字经济领域发展快、潜力大的创新企业，加快推进数字产业化，大力推动产业数字化，增强数字经济发展动能。

2020 年福建省数字经济领域的创新企业包括 3 家"独角兽"企业、14 家未来"独角兽"企业、72 家"瞪羚"企业，涵盖软件与信息技术服务业、电子信息制造业、新一代信息技术产业、制造业融合业态、农业融合业态、服务业融合业态等。

瞪羚是一种善于跳跃和奔跑的羚羊，瞪羚创新企业是指创业后跨过死亡谷以科技创新或商业模式创新为支撑进入高成长期的企业，认定范围是产业领域符合国家和省战略性新兴产业发展方向。南讯多年来以出色的产品功能和优质的解决方案获得了市场的高度认可。荣获"瞪羚"创新企业称号，更加证明了南讯在数字经济领域中技术、产品及服务优势。未来，南讯还将持续推进技术创新与场景落地，助力更多企业实现数字化创新，促进数字经济高质量发展南讯客道云CRMC、社交云 SCRM、新零售 ECRP 的产品逻辑如附图 3~附图 5 所示。

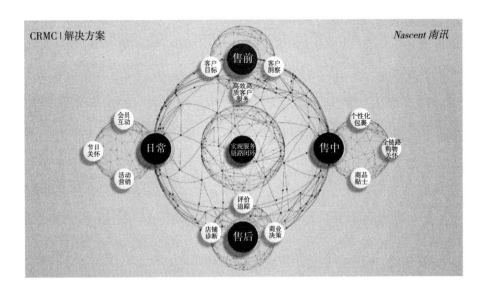

**附图 3　客道云 CRMC 产品逻辑**

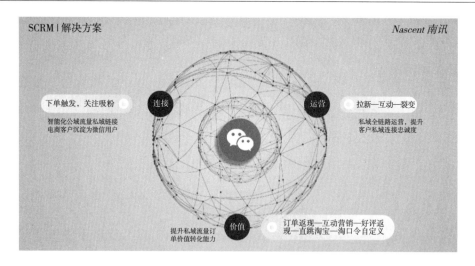

**附图 4　社交云 SCRM 产品逻辑**

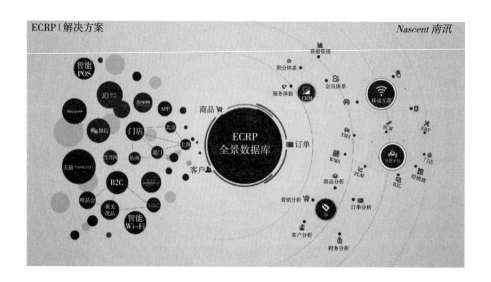

**附图 5　新零售 ECRP 产品逻辑**

（二）电商 CRM 能力指标统计分析

1. 客户贡献能力指标

客户贡献能力指标主要为新（老）客人数占比，即首次（回购）购买总客户数占有效付款总客户数的比例。与 2018 年相比，2019 年老客人数占比整体呈上升趋势，排名也有较大变化。服装类目的老客人数占比排名均在前列，除女装类目下降 0.75 个百分点外，男装和童装类目的老客人数占比均有所提升。其中，男装类目的老客人数占比同比上升 3 个百分点，排名上升 3 个名次，位列第一；童装类目的老客人数占比上升 2.6 个百分点，排名不变；老客人数占比同比下降较为明显的类目为母婴、食品、洗护用品、家电。

2019 年，大部分耐用品类目的老客销售额占比均有不同程度的提升，其中家装类目的老客表现突出，老客销售额占比同比提升 6 个百分点；宠物用品类目老客销售额占比为 41.12%，保持首位；男装、童装、内衣、运动户外、家电类目的老客销售额占比提升较快，男装类目上涨近 4 个百分点，排名提升 2 位；母婴、食品类目的老客销售额占比同比下降较为明显，分别下降 5 个百分点和 4 个百分点左右。

新老客平均客单价超过千元的类目及前 3 名的排名不变，依次为家装、家电、手机数码；其中手机数码类目的新客客单价以 0.32% 差值的微弱优势反超老客；洗护用品类目的新老客客单价差值最高，达 51.84%，反超家装类目；鞋服箱包、母婴、运动户外类目的新老客客单价差值较低，均在 15% 以下，其中差值最小的是运动户外类目，差值仅为 2.85%。

家装、手机数码、家电等高价值耐用品类目的老客贡献能力较强，其中手机数码类目的老客表现突出，老客贡献比同比上升 12 个百分点；美妆、母婴类目的老客贡献能力和排名均有所下降；鞋服箱包类目的排名依然位列后段，但除男装类目的老客贡献比下降 2 个百分点、名次跌至末位，其他品类的老客贡献比均有不同程度的提升。

2. CRM 绩效指标

（1）新客二次转化率：距当前第 45 天的新客户（R=45，F=1），在 45 天内产生二次购买的比例。2019 年，家装类目的新客二次转化率上涨明显，同比上升 1.5 个百分点；新客二次转化率涨幅较为明显的类目还有家电和运动户外，分别上张 1 个百分点和 1.5 个百分点；服装类目中，童装和男装类目的新客二次转化率排名超过女装，但 3 个类目的转化率均不及 2018 年同期；母婴类目同比下降 5 个名次，新客二次转化率下滑超过 2 个百分点，跌幅最为明显。

2019 年，各类目活跃老客户重复购买率均低于 5%，大多数类目同比 2018 年有所下降；美妆类目虽然排名同比提升 7 个名次、位列第一，但活跃老客户重复购买率下降了 0.69 个百分点；洗护用品类目活跃老客户重复购买率增长 0.29 个百分点，提升 10 个名次；配饰、家装家电等耐用品类的活跃老客户复购率普遍较低，排名变化不大。

2019 年，各类目平均 SMS 响应情况同比 2018 年有所提升；高价值耐用品类目的 SMS ROI 较高，响应率表现较好，其中家装类目的响应率为 8.24%，提升超过 4 个百分点；男鞋类目的响应率最高，达到 19.86%。

（2）各渠道 ROI、响应率、营销频率。2019 年，SMS 的营销效果最佳，平均 ROI 高出 EDM 和 MMS 数倍，响应率涨幅明显，同比 2018 年提升近 70%；EDM 营销频率大幅提升，平均营销间隔天数同比 2018 年缩短 10 天左右。

（三）发展战略分析

2019 年 12 月 27 日，南讯联合客道杂志社、服饰汇共同举办的"2019 年服饰电商年终复盘闭门会议"在上海成功举办。服饰汇精英社群、全球服饰产业链创始人黄群力，南讯高级副总裁、客道杂志社总编辑王詠，南极人董事长张玉祥，于 MOMO 创始人兼 CEO 卢恺，韩都衣舍副总裁 CEO 贾鹏等近 100 位来自服装行业的企业领袖和精英们共同出席了本次会议。参会嘉宾围绕低成本获客、消费者运营、用户增长、私域流量等热点话题进行探讨，就服饰电商的变革趋势、机遇和挑战展开碰撞。作为本次峰会的联合主办方之一，南讯高级副总裁、客道杂志社总编辑王詠发表了《通过大数据看行业之变》的主旨演讲。

通过南讯大数据平台对 2019 年"双十一"的数据监测，南讯看到了以下变化：消费 GMV 持续增长但平均订单金额下降了 4 个百分点，GMV 增长的背后是平均订单消费能力的下降。虽然整体业绩上涨，但仍有三成品牌出现下滑现象，男装品牌较为明显。亿元品牌成为"双十一"常态，美妆特别是国际美妆品牌强势增长，虽然新锐国货美妆品牌成绩不俗，但国际品牌依然强势占据行业主导地位，国货强起之路依然任重道远。挖掘存量用户价值成为品牌新的增长点，老客平均客单价比新客高出 40% 以上。消费升级仍在继续，下沉市场隐藏大量机遇：四线及以下城市客户消费贡献指数超过二、三线城市，逼近一线城市。

对于 2019 年"双十一"所展现出的趋势，南讯有了新的发现：第一，更多玩家入局"双十一"，整体呈现出多元化态势；以抖音、快手为代表的短视频平台也纷纷按下了电商化按钮。第二，直播成为电商平台新标配。2019 年全网"双十一"直播引导成交额约 500 亿元，参与的用户超过 6 亿，许多商家开通直播并不仅是为了抢夺其他的商家资源，更是为了牢牢锁住自己的粉丝。第三，消费金融走向日常化，推动全民消费。"双十一"是流量与商品的竞争，如今更是平台背后消费金融服务的比拼。第四，本地生活服务正逐渐成为"双十一"潜力股。从商品消费到服务消费，"双十一"的内涵正变得多元，消费者的长线需求与即时需求边界变得模糊。在"双十一"喧嚣与火爆的背后，南讯更应该多一些冷静的思考。面对流量红利的消失、单纯的爆款运营策略已经很难奏效、传统营销驱动的增长手段日渐乏力等困境，如何找到品牌新的增长点？本次服饰电商年终闭门会议也展开了深入讨论。

服饰电商已经进入下半场，南讯需要转变思维：从"出海打鱼"到"结池养鱼"、从增量运营到存量运营、从用户思维到超级用户思维。只有用全新的视野拥抱变化，才能在多元的世界引领未来。

（四）行业战略分析

1. 家电行业

家电行业主要存在以下几个方面的问题：前景多变、整体环境未明，消费群体个性化增强、消费模式多变，家电厂商竞争激烈、以产品迭代促进存量更新，渠道形势复杂、"最后一公里"竞争激烈。南讯主要通过以下两个方面提供解决思路：

一是互联网跨界制造高性价比家电，完美匹配定向人群新消费需求。抓紧中高收入人群需求，加速品质升级。中高端消费群体的品质生活已成标配，消费动机已不再仅为提升品质，购买品质厨电时更多会出于产品更新换代，或满足个人对新功能的追求，人群一方面成为高端消费市场基础，另一方面亦为拉动消费升级贡献需求。年轻消费群体更愿意满足个人喜好以及追求新产品体验。年轻消费群体因追逐新品特性而购买传统家电，而采购消费类电子产品更多则是为满足个人喜好，在此消费动机驱使下必然产生旺盛消费需求，品牌面对更多市场机会的同时也必须面对更大的挑战及更激烈的市场竞争。

二是从提供单一产品向智能化家居方案转变打造营销生态。家电巨头海尔在多年发展后产品线覆盖完善，深厚的技术积累了拥有为消费者提供智能化家居的基础条件，家居内置的 Wi-Fi 模块连接 U-home 智能家居系统，用户可通过 App 与移动互联网一键掌控各项家电；深度场景营销除带来更具品质感服务体验外，体验良好的家居互联系统能产生极强的用户黏性，提高用户品牌忠诚度。

2. 快销行业

快销行业的痛点是商品同质化严重、品牌竞争激烈；产业结构丰富、商品迭代需求大；行业整体复购率高、消费者忠诚度较低；消费群体普遍对优惠敏感、销售活动影响较大。

南讯提出了以下解决方案：一是关联商品推荐销售。通过购物路径及购物篮分析，挖掘商品与商品之间、消费者与商品之间的联系，进行关联商品的搭配推荐。二是保持关怀引导周期复购。丰富与客户的接触渠道，通过关怀服务维持与客户的持续联系；针对快销商品的特性，设置定期提醒引导用户复购。三是趣味互动提升购物体验。拓展消费者对品牌认知及互动渠道，改变其购物习惯，通过多样性的互动活动，增强购物趣味性、提升客户活跃度。四是试用商品带动转化。利用试用商品，抓住消费者的尝鲜心理，提升品牌价值，增强口碑效应，用小成本带动大效益。

### 三、中国塑料城

中国塑料城位于余姚市区北部，成立于1994年，总规划占地面积3.25平方千米，现有建筑面积33.78万平方米，市场交易牌号超2万种（见附图6）。目前，中国塑料城已成为国内最大的集塑料原料销售、塑料信息发布、塑料会展、塑料机械、塑料模具、塑料制品及其他辅助材料于一体的专业生产资料市场。经过近30年的发展，中国塑料城成为国内最有影响力的塑料原料专业市场，被商务部列为第一批全国重点联系市场，先后获得了中国商品专业市场竞争力50强、全国最具品牌价值商品市场50强、中国生产资料创新型市场、全国重点示范市场、全国诚信示范市场、浙江省现代服务业集聚示范区等荣誉称号。中国塑料城网上市场被浙江省工商局命名为"浙江省五星级文明规范市场"，入选浙江省电子商务百强，获得"浙江省线上线下结合十强专业市场"称号。中国塑料博览会被评为中国十大最具影响力的品牌展会，创办于1999年，被誉为"中国塑料行业第一展"。

附图6 余姚中国塑料城

经过历年的拼搏开拓，中国塑料城创造了多个全国第一：交易总量全国第一，经营品种全国第一，商户规模全国第一，全国第一个提供塑料价格信息的专业市场，全国第一个创建网上交易市场的专业市场，全国第一个引进塑料研发机构的专业市场，全国第一个发布中国塑料价格指数的专业市场，全国第一个举办塑料专业展览的专业市场，全国第一个推出现货交易平台的专业市场，全国第一个开设塑料网上 e 店的专业市场，全国第一个获得大宗商品电子交易领域支付牌照的专业市场，全国第一个制定塑料电子商务企业标准的专业市场（见附图7）。

附图7　中国塑料城获得的荣誉

在创造辉煌的同时，中国塑料城不断延伸涉塑产业链条。特别是在影响未来市场竞争的两大核心产业——电子商务发展和科技研发上，中国塑料城获得了先发优势，而且拥有较大的提升空间。中国塑料城打造出浙江塑料城网上交易市场和中塑在线两大电子商务平台，实现了有形市场和无形市场的结合。浙江塑料城网上交易市场向国内外发布的中国塑料价格指数和中塑在线发布的中国塑料城每日价格行情，已成为全国塑料行情的"风向标"和"晴雨表"。浙江甬易电子支付有限公司开发建成的"甬易支付"第三方支付平台，是浙江省唯一具有大宗商品交易与支付结算经验的第三方支付平台，在国内大宗商品支付结算领域处于领先地位。中国兵器工业集团第五三研究所和余姚市政府共同投资成立的塑料科技创新服务平台中国塑料城塑料研究院，则通过研究开发、成果转化、标准制定、分析检测等服务，成为全面推动塑料城产能升级的利器。

按照"创新转型、提升跨越"的总体要求，中国塑料城将牢牢抓住浙江省政府"三位一体"港航物流服务体系建设机遇，深入实施"外部拓展与内部改造相结合、产业延伸与市场提升相联动"的发展战略，重点建设塑料研发基地、塑料生产基地、塑料销售基地、现代物流配送基地、电子商务中心、支付结算中心，确保在全国塑料市场中的龙头地位和塑料行业的价格风向标地位。

（一）市场分析

中国塑料城现有建筑面积 33.78 万平方米，总投资 6.5 亿元，经营企业 1438家。2019 年，中国塑料城实现市场交易额 1029 亿元，交易量 970 万吨。其中，其中现货市场交易额 702 亿元，同比增加 9.7%，交易量 595 万吨，同比增加15.5%；网上交易额 327 亿元，交易量 375 万吨；甬易支付完成支付结算额 315亿元，实现营业收入 1830 万元，净利润 500 万元。其成为全球同类塑料交易市场中品种最全、规模最大的塑料电子交易中心，交易规模超过了英国伦敦 LME交易所的塑料交易量。中国塑料城被评为"中国 10 强创新市场""浙江省重点流通企业""浙江省服务业试点示范企业"。"中塑仓单"已经成为塑料电子行业的知名品牌。塑料原料市场的发展，还带动了塑料机械交易的兴旺，塑料机械交易市场化已初步形成。

（二）发展目标分析

为更好发挥中国塑料城的集聚辐射作用，促进区域经济的发展和繁荣，推进塑料特色产业壮大，余姚市委、市政府审时度势，根据塑料行业发展前景广阔和余姚及周边地区涉塑企业高度集中的优势，提出了用"高起点，大手笔"，建设一个全国一流、东南亚屈指可数的塑料专业化大市场的总体发展目标。投资 4.5亿元、建筑面积达 11.5 万平方米的商务大楼已经破土动工；改性塑料产业园区和第五期市场扩建工程正在积极筹备中。塑料城内设有工商、税务、公安、邮政、银行、信息服务及物业管理等机构，为市场安全、高效运作提供了保障。因此，中国塑料城分别被国家工商总局和浙江省政府命名为全国文明市场和浙江省重点市场。

中国塑料城按照"转型升级、跨越发展"的总体要求，牢牢抓住浙江省政府"三位一体"港航物流服务体系建设机遇，深入实施"外部拓展与内部改造相结合、产业延伸与市场提升相联动"的发展战略，强化超前规划、设施改善、平台搭建、科技融合和机制创新，加快推动中国塑料城向原料经销、商品展销、信息集散、电子商务、产业集群、产城联动等复合型、多功能方向发展，真正成为中国重要的塑料原料交易中心、塑料机械展销中心、信息发布中心、价格形成中心和资金结算中心，确保在全国塑料市场中的龙头地位和塑料行业的价格风向标地位。

（三）科技情况分析

依托中国塑料城信息中心，形成了国内规模最大、辐射面积最广、最具权威性的塑料信息服务网络：浙江中塑在线股份有限公司，能够满足各种消费层次的需求，其发布面已遍布全国，漫游国外；余姚市科恒塑料测试有限公司已通过浙江省质量技术监督局的计量认证（CMA）评审，标志着中国塑料城有了自己的塑料原料专业检测机构。2006 年 11 月，中国塑料城网上市场成功编制并发布了中国首个大宗商品价格指数——中国塑料价格指数（以下简称"中塑指数"），每日两次通过中塑交易网、中塑资讯网向全球发布。中塑指数反映了国内的塑料价格走势和行业景气状况。2007 年 7 月起，新华通讯社实时发布中塑指数，使中塑指数在更高层次、更大范围上发挥作用，被业界称为"塑料行情风向标"。2007 年 11 月，中国塑料城塑料研究院成立，让中国塑料城从普通、单一的塑料集散市场，跨越成为一个以科学技术为支撑，具有自主创新能力，集科研、开发、生产、信息、检测、展示和销售为一体的新型市场。

（四）会议展览分析

中国塑料博览会（以下简称"塑博会"）由中国石油和化学工业协会、中国石油天然气股份有限公司、中国石油化工股份有限公司、中国中化集团公司、中国轻工业联合会、浙江省余姚市政府联合主办，规模不断扩大，档次不断提高，人气旺盛、交易兴旺，有力提高了中国塑料城的国内甚至国际知名度、影响力。塑博会现有 4.2 万平方米的展览场馆，配有 2000 多个展位。

自 2006 年起，每届塑博会定在每年的 11 月 6 日至 9 日召开。塑博会自开办以来就倾力为塑料产业的上、中、下游提供一个面向市场、直接交易的整合平台，前十届中国塑料博览会累计共有 5000 余家中外企业参展，参展中外客商达120 万人次，成交总额逾 259 亿元。塑博会已经成为国内塑料行业及相关行业中规模最大、规格最高的经贸盛会，同时也是世界上为数不多的专业性博览会，被评为中国最具影响力的品牌展会、中国行业品牌展会金手指奖、全国政府主导型展会 100 强和中国长三角地区优质会展项目，国内塑料行业赞誉中国塑博会为"中国塑料第一展"。2014～2019 年中塑博会情况如附表 3 所示。

附表3　2014~2019 年中国塑料博览会情况

| 中国塑料博览会 | 具体内容 | 举办时间 |
| --- | --- | --- |
| 第十六届中国塑料博览会 | 以"创新引领，转型发展"为主题，设置展览面积 4.2 万平方米，展位 2000 个，共设塑料原料展区、塑料机床模具展区、塑料机械展区、塑模制品半成品展区四大展区 | 2014 年 11 月 6 日至 9 日 |
| 第十七届中国塑料博览会 | 以"产业创新与绿色发展"为主题，展区设置上进一步突出工业智能化应用，顺应"互联网"发展潮流，开启产业融合大幕。部分展馆设置了工业智能化应用技术创新专区，以满足企业"机器换人"和"智能化"需求 | 2015 年 10 月 21 日至 24 日 |
| 第十八届中国塑料博览会 | 以"塑料智造——新理念·新机遇·新发展"为主题，设置展览面积 4.2 万平方米，展位 2000 个，仍设塑料原料展区、塑料机床模具展区、塑料机械展区、塑模制品半成品展区四大展区 | 2016 年 11 月 6 日至 9 日 |
| 第十九届中国塑料博览会 | 以"塑料发展新动能——创新与变革"为主题，设置展览面积 4.2 万平方米，展位 2000 个，设塑料原料、塑料机床模具、塑料机械三大展区，在重点展示塑料新材料、精品模具和塑料机械基础上，将进一步突出智能塑机展示，设置"高端智能塑料机械主题展馆" | 2017 年 11 月 8 日至 11 日 |
| 第二十届中国塑料博览会 | 展会展览设置展示面积约 7 万平方米，展位 3400 个，设有塑料原料、塑料机械、模具机床、塑料制成品（小家电）、智能机器人五大展区，共 378 家企业登记参展 | 2018 年 11 月 6 日至 9 日 |
| 第二十一届中国塑料博览会 | 以"新产品、新应用、塑造新未来"为主题，专业展览设置展览总面积 4.2 万平方米，共有标准展位 2000 个，设塑料原料、塑料机械、机床模具三大展区，同时突出行业引领和地方产业优势，设立大石化企业、中国塑料城改性塑料、智能塑料机械 3 个主题展馆和汽车轻量化（塑料）、新产品新技术展示 2 个主题专区 | 2019 年 11 月 4 日至 9 日 |

## 四、宁波江丰电子材料股份有限公司

宁波江丰电子材料股份有限公司（以下简称"江丰电子"）创建于 2005 年，专业从事超大规模集成电路制造用超高纯金属材料及溅射靶材的研发生产，是科技部、发展改革委及工信部重点扶植的高新技术企业。

江丰电子研发生产的超高纯金属溅射靶材填补了中国在这一领域的空白，结束了产品依赖进口的历史，满足了国内企业不断扩大的市场需求，成功获得了国际一流芯片制造厂商的认证，并在全球先端 7nm FinFET（FF+）技术超大规模集成电路制造领域批量应用，成为电子材料领域成功参与国际市场竞争的中国力量。目前江丰电子的销售网络覆盖欧洲、北美及亚洲各地，产品应用到多家国内外知名半导体、平板显示及太阳能电池制造企业。

江丰电子坚持以科技为创新动力，注重自主研发，拥有完整的自主知识产权。公司先后承担了国家 02 重大专项、国家 863 重大专项、国家发展改革委高技术产业化项目、工信部电子发展基金等科研及产业化项目。截至 2022 年 12 月 31 日，江丰电子已累计申请专利 1790 项，其中发明专利 1432 项，制定国家/行业技术标准 25 项。2020 年江丰电子位列"中国企业专利 500 强榜单"。公司及产品分别荣获"国家知识产权优势企业""国家制造业单项冠军示范企业""中国半导体材料十强企业""国家战略性创新产品""中国半导体创新产品和技术奖""浙江省科学技术重大贡献奖""浙江省科技发明一等奖""浙江出口名牌产品"等。部分科技成果参加了国家"十一五""十二五"重大科技成果展，公司主导并联合国内设备厂家研制了靶材生产、检测的关键设备，实现了生产线的国产化。

江丰电子将秉承"为中国制造增添光荣"的宗旨，锐意进取，努力开拓，以领先的技术优势、完善的品质体系和卓越的客户服务水平，打造成为行业的优秀品牌，为中国电子材料产业的发展做出更大的贡献。

（一）业务经营分析

江丰电子作为半导体领域特别是集成电路领域溅射靶材的重要供应商，经过多年积累，在半导体领域的行业地位和影响力不断加强，具有重要的市场地位，持续加大研发投入，继续紧跟最先进技术节点，产品成功实现在 7nm 芯片制造中应用，进入国际靶材技术领先行列，先进制程的产品不断进入客户端。在半导体材料领域，溅射靶材销售持续增长，市场份额得以保持和进一步提升，已经成为台积电、中芯国际、海力士等客户的主要供应商。

2019 年，江丰电子积极推进机台关键零部件的国产自主化，在 PVD（物理气相沉积）和 CMP（化学机械平坦化）进行战略布局，保持环（Retainer Ring）、抛光垫（Pad）已经在客户端取得了量产订单，依靠其自身全面的分析检测能力，成熟的机械加工优势以及快速有效的技术服务意识，实现了销售增长。此外，江丰电子与 VCC 国际（VERSA CONN CORP.）合作，拓展其在集成电路制造专用设备及关键零部件领域的研究、开发、制造、销售，未来有望在集成电路产业上开辟除了靶材外更广阔的市场空间，为今后经营业绩的提升打下基础。

在平板显示领域，江丰电子的靶材产品销售实现了持续增长，铝靶、铜靶、钛靶等产品已经在平板显示领域的主要生产商合肥京东方、深圳华星光电、天马集团、和辉光电等实现了批量销售，得到客户认可，并成为主要供应商。另外，江丰电子的钼靶也正式下线，并已送样认证。合肥江丰的正式投产不仅满足了江丰电子的战略发展需求，也能够为客户提供更加及时、周到、优质的专业服务，进一步提升自身在平板显示用溅射靶材领域的竞争力。同时，江丰电子的 LCD 用 CFRP（碳纤维增强复合材料部件，主要包括碳纤维支撑、碳纤维传动轴、碳纤维叉臂等）及相关部件业务，也实现了向平板显示器生产企业批量供货，保持了销售份额稳步增长。2019 年占江丰电子营业收入或营业利润 10% 以上的行业、产品或地区情况如附表 4 所示。

附表 4　2019 年占江丰电子营业收入或营业利润 10% 以上的行业、产品或地区

| | 营业收入（元） | 营业成本（元） | 毛利率（%） | 营业收入比上年同期增减（%） | 营业成本比上年同期增减（%） | 毛利率比上年同期增减（%） |
|---|---|---|---|---|---|---|
| 分行业 | | | | | | |
| 电子设备制造业 | 824964791.18 | 568724022.50 | 31.06 | 26.98 | 24.34 | 1.46 |
| 分产品 | | | | | | |
| 组靶 | 297778986.80 | 232661254.31 | 21.87 | 44.56 | 61.48 | -8.19 |
| 铝靶 | 174923633.72 | 114071626.19 | 34.79 | 10.18 | 2.45 | 4.92 |
| 钛靶 | 111323049.06 | 59234000.58 | 46.79 | 9.99 | -3.63 | 7.52 |
| LCD 用碳纤维支撑 | 76997561.48 | 56521533.99 | 26.59 | 10.18 | -9.46 | 15.92 |
| 其他 | 163941560.12 | 106235607.42 | 35.20 | 44.02 | 36.05 | 3.80 |
| 分地区 | | | | | | |
| 内销 | 234731599.27 | 134348394.45 | 42.77 | 32.78 | 19.25 | 6.50 |
| 外销 | 590233191.91 | 434375628.05 | 26.41 | 24.81 | 26.00 | -0.69 |

（二）市场开拓分析

2019 年，尤其是 2019 年上半年，全球的半导体市场发生了普遍的回调，半导体产业总销售额同比下降，半导体市场的不景气，给江丰电子的销售带来了一定压力，但江丰电子认为这正是推进客户进行样品认证的大好时机，客户对降低成本的需求也会更加迫切，对引进新供应商的意愿会有所提升，通过有效的组织和推动，最终在客户端成功完成了多款产品的评价。评价通过之后，在客户端销

售的产品品类大幅增加，逐步上量，尤其是在 2019 年下半年各客户端产量恢复后实现了批量销售，也为 2020 年的销售增长奠定了基础。

近年来，随着国家对半导体行业重视程度提高，国内投资新建厂增加，其中也包括国外厂商在中国大陆投资的分厂，江丰电子抓住了这一历史性机遇，在新厂建成之前提前进行战略布局，在多个新厂以第一供应商的身份，随客户的产线一起通过产品评价认证，并实现量产。

江丰电子是中国半导体行业协会、中国集成电路材料产业技术创新联盟、中关村集成电路材料产业技术创新联盟、中国存储器产业联盟等多个组织的会员，积极参加组织召集的各种论坛、展会等活动，包括中国国际半导体博览会暨高峰论坛、北京微电子国际研讨会暨 IC WORLD 大会等，同时还积极加入海外半导体行业联盟，拓展和海内外客户的合作关系。后续，江丰电子将抓住行业发展契机，依托良好的品牌、优质的服务、稳定的品质，进一步提高在海内外市场的影响力。

（三）技术研发分析

江丰电子自 2005 年创立伊始，就高度重视专利等知识产权建设，不断加大研发投入，强化技术创新能力和科技成果转化，公司专门成立了知识产权部，制订了激励措施，鼓励和引导技术人员和员工立足岗位，创新创造，为企业持续、健康、快速发展提供强有力的技术支撑。

2019 年，江丰电子继续坚持以科技创新为动力，持续加大研发投入，2019年投入研发费用为 5974.24 万元，占公司营业收入的 7.24%，较 2018 年增加1316.72 万元，增长幅度为 28.27%。江丰电子生产的 300mm 晶圆用铝、钛、钽、铜等靶材产品已批量应用于半导体芯片 90~7nm 技术节点，5nm 技术节点产品也已进入验证阶段。机台关键零部件是江丰电子重点开拓领域，公司成立专门研发团队，通过与国内主流设备厂商的密切合作和自主技术攻关，2019 年开发的多款新品已成功应用到的镀膜、刻蚀、抛光等半导体制造关键设备中，同时为供应商设备调试提供配套靶材，从而带动了靶材系列产品的终端应用。随着募投项目"分析检测及客户支持服务中心建设项目"的完成并结项，江丰电子建成了国际一流的分析检测平台，引进了辉光放电质谱仪（GDMS）、气体分析仪（LECO）、扫描电子显微镜（SEM-EBSD）、直读光谱仪（ICP-OES）、溶体颗粒分析仪（LPC）等系列精密金属材料分析检测设备，可以实现对包括痕量杂质、气体含量、组织结构、晶粒尺寸、表面形貌等在内的各种金属材料性能的全面、精确分析，助力公司的研发水平再上新台阶。随着研发能力和分析检测能力的提高，江丰电子的竞争能力和行业影响力得到了进一步提升，将有效带动销售的增长。

如附图8所示，2015年江丰电子被列为国家知识产权优势企业。截至2019年12月31日，江丰电子共取得国内专利264项，包括发明专利217项，实用新型47项。另外，江丰电子取得韩国发明专利2项、中国台湾地区发明专利1项。江丰电子2019年名列"中国企业专利500强榜单"第74位，为国家知识产权优势企业，并获得2019年度浙江省专利项目绩效评价（专利金奖）。上述发明专利的取得，对江丰电子开拓市场和提高产品质量将产生积极影响，有利于其进一步维护知识产权保护体系，形成持续创新机制，发挥自主知识产权优势，提高核心竞争力。2019年1～5月，公司共取得35项发明专利，具体情况如附表5所示。

附图8 被列为国家知识产权优势企业

附表5 江丰电子取得的部分发明专利

| 序号 | 专利名称 | 专利类型 | 专利号 | 授权日 |
| --- | --- | --- | --- | --- |
| 1 | 聚焦环的包装方法和包装工具 | 发明 | 201510715897.0 | 2019年1月29日 |
| 2 | 用于靶材溅射工艺的压紧环 | 发明 | 201510790977.2 | 2019年1月29日 |
| 3 | 靶材组件的加工方法 | 发明 | 201510330401.8 | 2019年3月5日 |
| 4 | 保持环的制作方法 | 发明 | 201410810443.7 | 2019年3月5日 |
| 5 | 一种膜层的形成方法、靶材及靶材制作方法 | 发明 | 201510594266.8 | 2019年3月12日 |
| 6 | 滚花刀和滚花系统 | 发明 | 201510279275.8 | 2019年3月12日 |
| 7 | 靶材加工设备以及加工方法 | 发明 | 201410371498.2 | 2019年3月12日 |
| 8 | 一种靶材的机械加工方法及产品 | 发明 | 201710998126.6 | 2019年5月3日 |
| 9 | 背板的热处理方法 | 发明 | 201410563121.7 | 2019年5月10日 |
| 10 | 钨钛管靶的制造方法 | 发明 | 201510351156.9 | 2019年5月10日 |

| 序号 | 专利名称 | 专利类型 | 专利号 | 授权日 |
|------|----------|----------|--------|--------|
| 11 | 滚花加工装置及其使用方法 | 发明 | 201610350131.1 | 2019 年 5 月 10 日 |
| 12 | 钨钛靶材组件的焊接方法 | 发明 | 201510459904.5 | 2019 年 5 月 10 日 |
| 13 | 镍铬靶材组件的制造方法 | 发明 | 201510477335.7 | 2019 年 5 月 14 日 |

（四）生产运营分析

1. 强化团队执行力，增加产出效率

2019 年，江丰电子积极开展企业文化建设，强化培训关于企业目标、愿景、价值观、执行力等的全面学习，努力打造一支无私奉献、特别能战斗的团队，为各项工作的达成提供了强有力的支持。2019 年，制造中心通过实行分工段、分产线、分岗位、分设备产出目标设定，每月监控检查落实，逐步提升了全员劳动生产率；同时，通过加强成本管理，提高质量管理水平，提升产品合格率，控制采购成本等一系列措施，增加了产出效率。

2. 推进设备投入，提升装备能力

2019 年，江丰电子从瑞典 Quintus 公司引进国际先端的双两千热等静压设备，同时与四川航空工业川西机器有限责任公司合作，联手打造国内首台超大规格热等静压设备，这两台大型设备，均属于定制化设备，经过较长周期的生产，已陆续到场，并进行安装调试。上述设备是超高纯金属钨钼靶材制备的关键设备，超大规模集成电路是高技术产业的制高点，也是国家重点发展的战略性新兴产业。存储器代表了集成电路产业的先进制造工艺，是现代信息产业的核心基础之一，超高纯金属钨靶材是存储芯片的核心关键材料，长期以来始终被韩国、美国等跨国公司所垄断。上述设备的引进和合作打造，标志着江丰电子的设备装备将一次性跻身国际设备领先水平之列，填补我国在该领域的设备短板，为电子材料领域提供了新的设备保障能力，具有重大战略意义。

3. 加强信息化管理，打造智能工厂

2019 年，江丰电子加大了信息化建设力度，实施了 ESB 项目，建立了系统集成平台，梳理了各系统间的接口，解决了各系统间数据交互复杂、接口管理困难的问题；建立了业务系统接口开发规范体系，提高了接口的标准化与复用性，努力建立全面、高效、稳定、准确、节能的信息化系统管理体系。2019 年，江丰电子继续推进系统安全性建设以及移动化办公、设备联网自动化改造等，通过数据中心的建设，提高了管理和生产效率，在系统安全性、集成能力、流程管控、数据分析应用水平等方面都有较大提升。

在智能化生产方面，江丰电子在第一条自动化生产线建成投产后，稳步推进了工厂的数字化、可视化、柔性化和智能化。2019 年，实现了 SB 焊接线的自动化改造，并规划了 300mm 产线、LCD 焊接产线等自动化改造项目，江丰电子将在智能制造方面继续加大投入，全面提升生产制造水平。

（五）募投项目分析

2017 年，江丰电子成功上市，募集资金到位后，有效保证了项目建设的资金需求。"补充流动资金与偿还银行贷款项目"已按计划完成。2019 年，江丰电子与生产经营相关的 3 个募投项目的具体进展情况如下：

（1）"年产 300 吨电子级超高纯铝生产项目"已完成并结项。江丰电子运用已掌握的生产电子级超高纯铝的核心技术，以 4N5 铝为原料，采用定向凝固提纯、真空熔化、半连续铸造等工艺，制成超高纯铝锭，经过技术开发人员和生产车间的不断技术试验和熔炼测试，已完成了年产 300 吨电子级超高纯铝的规划产能，相关技术指标已达到同类进口原材料水平，所生产的超高纯铝材料已可应用于公司的部分产品。2019 年，该项目实现了效益 741.89 万元。后续，江丰电子将积极推进客户认证进程，逐步加大自主生产的超高纯铝材料的应用，努力提高产品成本的管控，提升盈利能力及抗风险能力，增强产品质量稳定性并提高在市场中的竞争力。

（2）"分析检测及客户支持服务中心建设项目"已完成并结项。该项目已经按照规划达到可使用状态，分析检测及客户支持服务中心也已正式落成。江丰电子分析检测及客户支持服务中心已经配备了辉光放电质谱仪（GDMS）、气体分析仪（LECO）、扫描电子显微镜（SEM－EBSD）、直读光谱仪（ICP－OES）、溶体颗粒分析仪（LPC）等各类分析检测设备，建立了完整的高纯材料和靶材的分析检测体系，增强了江丰电子在高纯材料提纯、靶材织构控制、靶材溅射性能优化等方面的技术研究实力，为客户做好技术服务与支持，进一步提升综合竞争力。

（3）"年产 400 吨平板显示器用钼溅射靶材坯料产业化项目"预计将延期完成。该项目由子公司江丰钨钼负责承担建设，该项目进行了募集资金变更和实施地点变更，项目的基建工程已基本完成，部分设备已完成安装调试，部分生产线完成了调试和试运行并投产，其生产的高纯钼靶材坯料品质优良，江丰电子首套自主研发生产的高纯钼溅射靶材已顺利下线。江丰电子结合项目的实际进展情况，为了完成产线优化和产能扩充，保障项目质量，以及更好地适应市场变化和产品技术更新等要求，项目还需根据规划进行热等静压等设备的购置、安装调试等后续投资和建设，因此该项目达到预计可使用状态日期由原定的 2019 年 6 月 14 日延期至 2020 年 6 月 14 日。

### 五、和也健康科技有限公司

浙江和也健康科技有限公司（以下简称"和也公司"）为国家高新技术企业，入选国家火炬计划项目，于 2010 年 7 月成立。和也公司现有员工 115 人，具有博士学位专职研发高层次人才 6 名，其中入选 2013 年湖州市南太湖精英计划特聘专家、2012 年江苏省特聘教授各 1 名，大学以上学历从业人员占员工总人数的 30%以上（见附图 9）。

和也公司坚持科技创新战略，并将其作为其发展的核心驱动力，成立至今拥有各项授权专利 100 多项，已申报国家青年拔尖人才支持计划、国家自然科学基金项目、湖州市南太湖精英计划、湖州市 1112 人才工程等创新创业项目。此外，和也公司坚持内部研发与产学研合作相结合，与浙江大学、山东大学、纳米技术及应用国家工程研究中心等签订产学研用框架合作协议，并应邀出席第四届江苏青年科学家年会分论坛，加强了企业与高校的合作，实现了资源的有效整合，加快了科技成果产业化的速度。和也公司与国际知名企业 JSP、KANEKA 建立了战略合作关系，实现优势互补，利用纳米技术开发生产的保健功能用品无论是产品性能还是产品的销售量都已超越主要国际竞争对手，达到国际先进水平，填补了国内空白。

2012 年，和也公司参加首届中国创新创业大赛，被科技部、教育部、财政部和全国工商联组成的指导委员会授予"首届中国创新创业大赛优秀企业"。和也公司作为健康产业新材料应用的唯一代表，荣获"2012 中国创造力产品"大奖；同年荣获"中国第四届保健品公信力产品"、第二届浙江企业"名优新"产品博览会金奖等奖项。目前，和也公司已经成为中国保健协会（原中国保健科技学会）理事单位，被指定为参与拍摄中国中央电视台大型教育示范片《科技成就健康生活》保健功能纺织品篇。作为国家行业标准制定单位和地方政府重点扶持的科技型企业之一，和也公司现已成为中国保健协会的理事单位和负离子保健功能纺织品国家行业标准的主导制定单位。

附图 9　和也健康科技有限公司

（一）市场拓展情况

2012 年 12 月 25 日，和也健康科技市场运营中心喜迁新址，正式迁入杭州市江干区凯旋路 455 号物产大厦 28 层。市场运营中心地理位置优越、交通便利，顺应了和也公司迅速发展和与广大客户联络、沟通的要求，有利于企业形象的提升和业务的进一步开拓，开启了和也公司发展征途上新的里程碑。和也公司市场拓展情况如附表 6 所示。

附表 6　和也公司市场拓展情况

| 时间 | 地区 |
| --- | --- |
| 2012 年 6 月 | 和也安吉旗舰店隆重开业 |
| 2012 年 2 月 6 日 | 和也西安旗舰店隆重开业 |
| 2012 年 6 月 20 日 | 和也广东江门新会旗舰店隆重开业 |
| 2012 年 7 月 22 日 | 和也乐清旗舰店隆重开业 |
| 2012 年 7 月 22 日 | 和也淮安旗舰店隆重开业 |
| 2012 年 9 月 17 日 | 柴桥和也旗舰店隆重开业 |
| 2012 年 10 月 24 日 | 成都首家和也旗舰店隆重开业 |
| 2012 年 10 月 30 日 | 河南临颍和也旗舰店隆重开业 |
| 2012 年 11 月 18 日 | 安徽铜陵和也旗舰店隆重开业 |
| 2013 年 5 月 18 日 | 安徽铜陵市国际华城和也标准店隆重开业 |
| 2013 年 5 月 19 日 | 和也湖南岳阳市岳化标准店隆重开业 |
| 2013 年 5 月 20 日 | 和也延安甘泉标准店隆重开业 |
| 2013 年 6 月 3 日 | 绵阳高新区和也标准店开业 |

（二）核心技术分析

和也健康产业研究院（以下简称"研究院"）是由和也公司成立的新型研发机构，是围绕安吉县健康特色产业搭建的创新服务平台，旨在解决安吉县健康养生产业发展中存在的共性问题和关键性问题，提高健康产业的科技创新能力，促进产业不断发展壮大。

研究院成立后，以研发具有安吉地域特色的生态保健功能纺织品及生态磁健康睡眠系统为抓手，积极推动安吉生态养生文化，普及保健养生知识，着力打造生态旅游品牌，传播科学的保健养生理念，建设品牌旅游平台，促进安吉县的养生旅游业的发展。

在国家"十二五"规划的引导下，研究院作为安吉唯一一家保健养生科技服务平台，将为安吉相关企业提供项目评估、科研规划、专项申报、技术开发、人才培育等综合性服务，切实助推全县乃至全省保健养生企业发展，促进健康产业转型升级。

（三）和也公司发展阶段

1. 第一阶段：科技为先，实现跨越式增长

作为国家高新技术企业，和也公司自成立那天起，就把科技创新作为引领企业发展的第一动力。据和也总经理胡立江博士介绍，目前和也公司已建立了省级院士专家工作站、省级博士后工作站、高新技术企业研发中心、省级工业设计中心、省级企业技术中心、省级企业研究院六大科研平台，健康睡眠科普教育、功能纺织品产业化、省级工业旅游、省级中医药养生旅游四大示范基地。截至2019年1月22日，和也公司共获得授权专利304项，专利拥有量在业内处于领先水平。2017年，和也公司被国家知识产权局认定为"国家知识产权优势企业"。在《中国企业创新能力百千万排行榜2018》名单中，和也公司凭借引领行业发展的科技创新能力上榜，连续第二年荣登中国企业创新能力千强榜，在浙江省入榜的67家企业中排第31位。

科技创新的根本是人才，为此，和也公司在业内率先成立健康睡眠产业研究院——和也省级企业研究院，成功引进博士10名。2016年8月，健康睡眠行业首家院士工作站在和也公司成立，并聘请著名分子遗传学专家、中国科学院院士徐国良院士担任名誉院长。与此同时，和也公司还陆续与中科院上海生科院、浙江大学、浙江工业大学、天津医科大学、四川大学、纳米技术及应用国家工程研究中心等院校和科研机构建立产学研合作，加快科技成果产业化。

2018年4月，和也的"纳米复合功能性纤维健康产品关键技术及产业化"项目荣获浙江省科学技术进步奖二等奖，基于该项目研发的终端产品——"和晶石纳米功能纤维"纺织出功能布料。项目开发的新材料已经广泛应用到和也功能纤维面料系列产品，从上游纤维材料制造至下游整理加工，都融入多功能性与高

舒适性的研发设计与生产，实现纳米功能材料"和也"功能家纺品牌整个产业链的规模化生产。

此外，和也公司在推动中国磁性材料的研究上也不遗余力，先后与中国科学院上海交叉学科研究中心、中国科学院上海生命科学研究院、中国科学院合肥物质研究院强磁场科学中心、北京大学肿瘤物理诊疗技术研发中心、西北工业大学合作，包括结成战略合作单位、共同举办学术论坛等，让更多的磁科学理论知识应用于实际，促进磁健康产业良好发展。产学研结合让和也公司在创新和研发上如虎添翼，截至目前，和也在磁健康产品的研究已经取得 30 多项科技成果，大大推动了中国磁健康产业的发展。

2. 第二阶段：转型升级再出发

和也公司创始人、董事长方志财表示，和也公司在创立之初就把"科技推动健康睡眠"作为企业使命，并志在"成为一家受尊敬的企业"。和也公司围绕"让天下人睡出健康"的企业使命，先后研发出健康睡眠床垫、健康睡眠家纺、健康护身神器、健康智能家居、健康睡眠枕头五大系列共百余款产品。迄今为止，和也公司的健康产品已经惠及全国几千万消费者。在产品品质的把控上，和也公司更是不遗余力，公司正式投产不久，即向北京世标认证中心有限公司提交了质量管理体系认证申请书，并顺利通过审核。目前，和也公司是 ISO9001、ISO14001、OHSMS18001 三大世标认证合格单位，这标志着和也已在质量管理、环境管理和职业健康管理方面建立了严谨完善的国际化标准管理体系。为了提高生产效率和产品质量，和也公司从欧洲引进了自动吊挂系统，智能化设备的投入使用、ERP 信息化系统建设的开展实施，让和也公司的制造水平迈入了国际先进行列。

作为大健康产业从业者，和也公司在做强做大产业的同时，更是勇于承担社会责任，在科普教育、帮老助残等领域，和也都在用实际行动践行责任。

2016~2018 年，和也公司联合中国健康促进与教育协会、中华慈善总会新闻慈善促进会、中华慈善联播平台等机构，连续三年推出"全民健康睡眠大讲堂"大型公益活动，旨在向社会各界普及健康睡眠知识、唤醒更多人重视睡眠健康问题（见附图10）。活动开展三年来，已经走遍大半个中国，大力普及了健康睡眠知识。2016 年、2017 年，和也公司连续两年被中国全面小康论坛评为"中国社会责任企业典范"；2018 年，和也公司荣膺"2018 年度中国全面小康社会公益特别奖"。

**附图 10　和也智能生产流水线**

方志财说："积极参与公益慈善事业是一个优秀企业公民义不容辞的责任，作为一家高科技健康企业，和也一直在探索研究健康扶贫的新思路、新方法，包括通过一系列的高科技产品让人们睡出健康、用出健康……这就是我们企业的社会担当。同时，作为企业，必须要做到回报社会，多为人民健康生活谋福利。"

2017 年 5 月，酝酿多时的和也健康产业园破土动工。和也健康产业园位于安吉县孝丰镇，占地 350 亩，是一座以"产业园区为载体、工业旅游为线索、科技创新为支撑、和孝文化为内涵"，集"研发生产、教育培训、健康养生、休闲娱乐"于一体的绿色健康综合体（见附图 11）。

**附图 11　和也大酒店**

和也健康产业园于 2019 年底正式启用，为和也公司的进一步发展注入活力，也意味着和也公司步入新起点、大跨越、高发展的重要发展阶段。就在和也健康产业园建设如火如荼的同时，和也在磁健康产业的布局上继续发力，并悄悄启动转型升级战略，朝着国际化、智能化、信息化方向迈进。和也公司在磁性材料的应用、磁健康产品研发应用以及积极应对老龄化、促进老年人获得健康快乐人生等领域已经取得不俗的成就和宝贵经验，接下来要做的就是使其造福于全人类的健康（见附图12）。

附图12　和也大健康产业园

### 六、浙江前洋经济开发区

宁波电商经济创新园区是宁波市委、市政府设立的以电商经济为核心产业的新型城市经济开发区，于2016年5月成功升格为省级经济开发区——浙江前洋经济开发区。园区自2015年5月启动筹备，宁波市委组织部明确了宁波电商经济创新园区（以下简称"园区"）党工委、管委会的工作班子；8月初，宁波市委、市政府出台了《关于建设电商经济创新园区的意见》，明确发展要求、目标和政策体制；10月27日园区正式开园，宁波市政府主要领导亲自为园区党工委、管委会揭牌，并见证重大项目签约。该园区先后获得国家电子商务示范基地、浙江省电子商务十大产业基地、中国（宁波）跨境电子商务综合试验区江北区等荣誉。

（一）产业规划情况

浙江前洋经济开发区核准规划面积16.5平方千米，分为A、B两个区块，A区块面积11.5平方千米，B区块约5平方千米，已形成电商数字经济产业板块及都市工业产业板块。

1. 创新供应链服务，打造百亿集群

智慧供应链创新服务综合体旨在打造棉纺供应链、塑化供应链、金属供应链、建材供应链、生鲜电商、智慧物流、能源互联网、人力资源、信息技术等"十大百亿产业集群"，加快智慧供应链创新服务综合体成果转化和培育，铸就全国电商经济创新创业高地。根据江北区产业基础和企业分布情况，采取先强后弱、多头推进策略，鼓励优势企业率先发力，完成百亿产业集群目标，服务宁波市"246"产业集群建设。2019年，生鲜电商、棉纺供应链、塑化供应链、金属供应链4个产业已经实现线上销售额破百亿元，综合体内集聚供应链交易企业350余家，供应链服务企业近800家。至2021年，力争实现电子商务交易额4000亿元，线上商品销售额1500亿元，形成总规模超1500亿元的智慧供应链产业集群。

2. 综合体服务企业成果显著，多层次培育体系建设完成

一是加大初创、小微企业扶培力度。通过孵化器建设，平台型企业赋能、综合体赋能等形式为综合体内初创企业、小微企业提供人力资源、供应链、资本等支持（见附图13）。2019年，综合体内企业总数达1121家，其中规上（或限上）企业数301家，开展R&D活动的规上企业7家。二是鼓励中等、龙头企业做大做强，积极申报国家高新技术企业、省级科技型中小企业。2019年，综合体内拥有国家高新技术企业9家，新增3家；省级科技型中小企业6家，新增1家。

附图13 综合体服务企业基本情况

3. 盘活综合体经费池，实现最优效益产出

截至2019年底，综合体共投入经费4895万元，主要投入在办公楼及相应配套设施建设、孵化器建设、政策扶持、购买服务等方面，为综合体以及企业长期

发展提供必要的硬件基础和软件支撑。综合体在整合提升各类平台的基础上，以综合体公共服务中心、前洋产业互联网研究院和前洋产业赋能中心的建设为抓手，着力集聚各类创新资源要素，2019 年，智慧供应链产业创新服务综合体已集聚创新服务机构 121 家，产业赋能联盟企业 15 家。

（二）产业发展现状分析

1. 综合体建设以来，立足产业生态圈，实现持续发展

一是借力产业互联网研究院、前洋产业赋能中心等构建起商流、物流、资金流、信息流、科技流、人才流"六流合一"的智慧供应链创新生态体系，实现各类资源要素的聚集和资源共享（见附图 14）。二是围绕"链、群、圈"理念开展全产业链招商，重点引进投资规模大、产业关联度高、带动能力强的优势骨干企业、功能型平台企业，探索以大带小的企业培育模式。三是引导企业开展产学研合作，推进技术创新，加快产业结构调整。多种举措并举，激发综合体内在造血能力，推动综合体高质量持续发展。

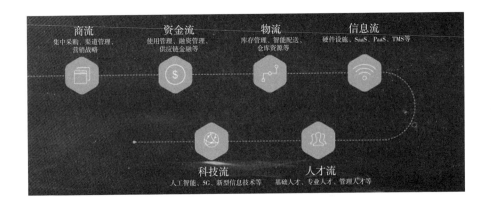

**附图 14　"六流合一"智慧供应链创新生态系统**

2. 建设前洋产业互联网研究院，整合、引进、集聚创新资源

一是资源集聚情况。前洋产业互联网研究院以项目为纽带，以柔性整合为特点，以动态组合为主要方式，开展实体化运营，按照开放合作、虚实结合的原则，整合各类专家资源，开展跨地域、跨领域的产业互联网合作研究。前洋产业互联网研究院在原有发起单位的基础上，吸纳优化合作单位，进一步增强了研究院合作力量和智库资源。前洋产业互联网研究院发起单位及合作单位具体名单如附表 7 所示。二是与各大名校合作情况。园区积极做好资源柔性整合工作：引进

中国科学院计算技术研究所宁波创新中心、大连理工大学宁波研究院等研究平台；成立华擎海智等企业级创新载体，共建多层级产学研载体。2019 年，与各大院校共建创新载体数 5 个，其中新增 1 个。

附表 7　前洋产业互联网研究院创新资源

| 发起单位 | |
| --- | --- |
| 宁波电商经济创新园区 | 中国电子商务产业园发展联盟 |
| 中国电商创新推进联盟 | |
| 合作单位 | |
| 中国供应链金融服务联盟 | 宁波工程学院 |
| 中国产业互联网发展联盟 | 宁波大学 |
| 浙江省公共政策研究院 | 浙江万里学院 |
| 中关村大数据联盟 | 宁波财经学院 |
| 国研经济研究院东海分院 | 国联股份 |
| 余姚市人民政府发展研究中心 | 万联网 |
| 浙江网盛生意宝股份有限公司 | B2B 内参 |

**3. 建设多元化的产业集群服务平台，打造智慧供应链核心服务能力**

一是创新服务功能及能力情况。主要以建设前洋产业赋能中心的服务平台为核心，构建了智慧供应链产业创新服务综合体的创新基础，打造数字化产融价值共同体，通过协同发展构建产业创新生态体系。主要典型案例：前洋产业赋能中心市场化运营主体由浙江网盛生意宝股份有限公司、杭州高达软件系统股份有限公司等与宁波前洋创新科技有限公司联合发起，成立混合所有制试点公司；结合发起股东及赋能联盟成员单位的资源优势、技术专利、行业先进管理经验与治理能力等要素资源，打造基于"六流合一"的智慧供应链创新生态体系，面向企业、产业链、区域特色经济提供组织创新、生态建设、人才培养、金融赋能等 20 余项深度赋能服务与综合解决方案，助力企业、产业、块状经济的数字化转型与可持续发展。二是"最多跑一处"数字化服务平台。主要以高效运行并完善 8718 中小企业公共服务平台和综合体公共服务体系为核心。主要典型案例：平台深化企业政策云和企业服务超市两大功能，打造了线上线下相结合的"一站式服务"大厅。同时，定制开发企业服务超市，集聚律师事务所、会计师事务所、人力资源公司、知识产权服务公司、银行、咨询公司、广告策划公司等各类优质社会服务机构，针对企业在政策咨询、人才招聘、财税服务、代办注册、知识产权、市场拓展、校企对接等日常运营领域的突出需求，建立了供应链企业基础运营创新服务体系。深化"最多跑一次"改革，推进了各类政务模块上线，畅通办事渠道、打破数据壁垒，为园区企业创新创业提供良好的服务保障。三是金融服务功能及能力情况。通过政策和科技创新，整合各类型、各渠道的资金来源，构建区域金融服务体系，帮助企业解决融资难、融资贵问题。主要典型案例有：其一，成立园区产业投资公司，由园区提供首期资金，对入驻园区办公的优质智慧供应链企业进行直投，帮助企业增信，推动企业做大做强。其二，设立"政银担"风险补偿资金池，推动与江北正德担保公司及银行建立担保贷款机制，帮助供应链企业解决因缺少抵押物而存在的融资难问题。其三，推动园区十大百亿元产业"链主"企业与网盛生意宝、徙木金融等国内知名科技金融公司进行深度合作，通过大数据开展金融增信，向上下游中小供应链企业提供创新型供应链金融服务。利用科技金融政银合作担保平台和科技风险池平台为企业提供科技信贷支持，盘活企业资金流通，解决企业即时资金需求。

4. 赋能解决方案，实现关键共性技术攻关

一是为企业提供创新服务情况。截至 2019 年，创新服务大楼已建成面积3215 平方米，产业创新公共服务设施已投入 4000 余万元，平台功能不断完善。2019 年，综合体内集聚服务机构 121 个，新增 20 个，服务企业 3127 家次，服务收入达 2991.53 万元。二是产学研合作开展关键共性技术攻关情况。2019 年，解决关键共性清单 5 个。主要典型案例有：其一，网络运输方案。联合综合体产业集群内的龙头企业无界电商（央企中远海运物流的线上物流平台）、易港通（宁波舟山港的线上物流平台）、云翼港等公司，面向产业集群企业提供网络运输（无车乘运、无船乘运）等解决方案和服务。帮助解决网络运输过程中的车辆监管、税务开票等难题。其二，网络用工方案。联合综合体的产业赋能联盟企业小猪多多薪，推出面向供应链上下游企业的灵活用工方案，帮助企业适应网络运输中各类司机、快递员等新型用工关系以及供应链中的产线外包等灵活用工需求，实现供应链降本增效的目标。其三，供应链金融解决方案。联合综合体的产业赋能联盟企业网盛生意宝推出以供应链核心企业为依托，能为产业链企业提供全流程在线、全场景覆盖的供应链金融解决方案，解决企业向上采购的采购资金短缺问题与向下销售的应收账款回笼问题。

5. 打造创新生态系统，支持产业转型升级、高质量发展

一是打造创意设计赋能体系。加强宣传推广工作，组织开展 2019 年中国

（前洋）智慧供应链创新论坛，邀请来自汽车、五金、纺织、化工、石油等产业领域的研究机构、供应链管理服务公司、产业互联网、B2B平台、商业银行、电商平台、物流公司、金融科技公司等相关领域专家学者与企业代表，围绕传统产业升级、园区产业集群的生态化发展、智慧供应链服务体系构建、产业互联网的产融创新等热点话题进行深入探讨交流。发挥智库优势，完成产业互联网生态构建和智慧供应链产业创新赋能体系打造等课题，通过规划先行，推进智慧供应链产业创意设计体系建设（见附图15）。二是打造技术创新赋能体系。以中国科学院计算技术研究所宁波创新中心为重要抓手，建设行业测试软硬件平台，并面向行业企业提供服务，推进全面战略合作，积极开展科技成果转移转化、项目孵化、战略咨询、人才交流等方面的合作，从而助推宁波市江北区产业转型升级。

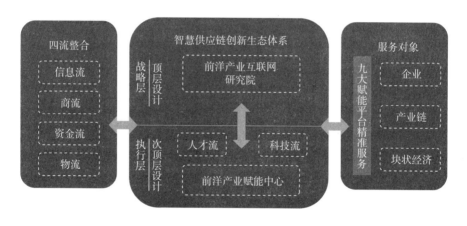

附图15　前洋产业互联网智慧供应链创新生态体系

具体案例如下：综合体内的赋能中心，联合市场中有一定知名度、成熟度、认可度、美誉度的符合十大百亿集群发展的各解决方案提供商形成赋能联盟（第一批赋能联盟见附表8），如为中小企业解决融资难、融资贵问题提供供应链金融解决方案的浙江网盛生意宝股份有限公司（见附图16）；为中小企业提供大宗集采与云仓"6+1"系统的杭州高达软件系统股份有限公司等首批赋能联盟企业（见附图17）。

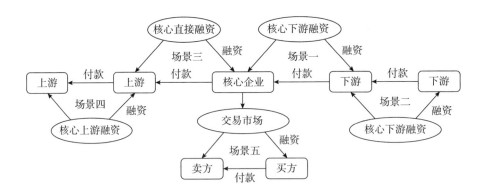

**附图 16　网盛生意宝供应链金融解决方案**

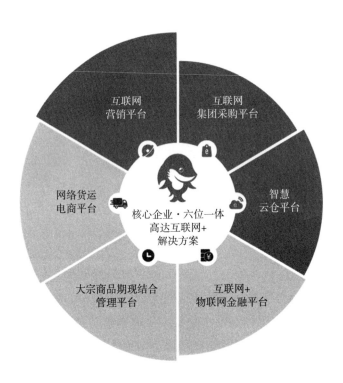

**附图 17　高达软件集采与云仓"6+1"系统**

（三）主要经济指标分析及财政运行情况分析

1. 持续推进高质量招商引资，主要指标完成情况较好

围绕重点产业目录，细化目标任务，创新方式方法，深入实施精准招商，以招大引强培育种子型企业为目标，推进引资引智决心不动摇，提升招商引资质量和成效。2019 年，中国塑料城实现市场交易额 1029 亿元，交易量 970 万吨。其中，现货市场交易额 702 亿元，同比增加 9.7%，交易量 595 万吨，同比增加 15.5%；网上交易额 327 亿元，交易量 375 万吨；甬易支付完成支付结算额 315 亿元，实现营业收入 1830 万元，净利润 500 万元。

2. 围绕产业链条，打造百亿产业集群

一是探索百亿产业集群事业部招商机制。园区对百亿产业集群进行细化研究，召开百亿产业培育方案路演，以数据为支撑，形成十大百亿级产业招商事业部。以团队为核心，组织企业开展棉纺、塑化、港航物流等细分行业招商沙龙和产业互联网座谈会，探索百亿产业培育新思路，激活产业集聚新动能，实现三年生态集聚，销售千亿目标。二是十大百亿产业集群基本成型。明确以新一代信息产业、智慧物流、棉纺供应链、塑化供应链等十大方向作为培育重点，2019 年上半年已完成金属、生鲜两大百亿产业，分别实现销售额 119 亿元和 118 亿元，塑化、棉纺两大产业基础较好，销售额分别为 91 亿元和 36 亿元，有望年底培育成功。

3. 园区目前的财政运行体制

实行增量分成办法，区域内财政收入地方所得部分通过财政体制结算形式，以 2013 年为基数（金融、保险、房地产及迁入的市内企业除外），其增量部分按"5 年全返、5 年过渡"方式返留宁波电商城，即前 5 年全额返还，第 6~8 年返还 2/3，第 9~10 年返还 1/3，第 11 年起不再返还。核心区标志性地块和宁波电商城公益性项目的土地出让金净收益市、区两级管理收缴部分，10 年内全额专项用于宁波电商城开发建设。该体制预计会在 2019 年底予以取消，自 2020 年起执行新的财政结算体制。

目前融资渠道主要以宁波电商城投资开发有限公司为主体进行间接融资金为主，融资期限以长、中、短期融资结合，目前正探索直接融资渠道。

园区现有的产业引导基金是宁波中哲电商经济产业引导股权投资基金合伙企业（有限合伙），该基金由宁波电商城投资开发有限公司和中哲控股集团有限公司、宁波中哲创业投资管理合伙企业于 2016 年共同成立，注册资金 1 亿元人民币，其中，宁波电商城投资开发有限公司认缴 20%。目前已投项目有北京群力天

成网络技术有限公司（2000万元）、拇指衣橱（浙江）服装科技有限公司（1000万元）、青檀服饰（800万元）以及广州三孚（500万元）（见附表8）。

附表8　浙江前洋经济开发区第一批赋能联盟企业

| 序号 | 公司名称 | 简介 | 供应链解决方案 |
|---|---|---|---|
| 1 | 浙江网盛生意宝股份有限公司（以下简称"网盛生意宝"） | 1997年，网盛生意宝创建了中国第一家电子商务网站——中国化工网。2006年，网盛交易宝完成A股上市，股票代码002095，成为互联网产业在国内资本市场上市的第一只股票。网盛生意宝依托其自身打造的产业互联网战略生态，已成为国内独一无二的供应链金融解决方案和供应经济基础设施提供商。与此同时，网盛交易宝积极与地方政府合作，打造地方供应链金融服务中心，助推地方经济发展及物流行业的转型升级 | 供应链管理解决方案、供应链金融解决方案、物流网络解决方案 |
| 2 | 杭州高达软件系统股份有限公司（以下简称"高达软件"） | 高达软件是中国领先的B2B"互联网+云平台"软件技术开发商，专业提供"互联网+"转型升级系统集成技术解决方案。公司主打B2B电子商务软件开发，包括电商平台开发ECP、云供应链管理SCM和移动互联应用。20多年来高达服务百余家B2B大型电商平台、数千家企业供应链管理、帮助上万家小微企业"互联网+"转型升级。作为国内最具竞争力的"互联网+"技术服务商，高达软件一如既往为企业提供一站式的、全面的"互联网+"技术集成方案，帮助企业实现"互联网+"转型升级 | 企业云仓解决方案、企业集采解决方案、PaaS+数字化综合解决方案 |
| 3 | 浙江百望智云信息科技有限公司（以下简称"百望股份"） | 百望股份成立于2015年5月，是一家"互联网+税务"云平台提供商，以发票数字化为切入点，百望云平台是国内首家提供电子发票和纸质发票一致化开票体验的云服务平台，为大型企业客户提供基于私有云的端对端一体化涉税解决方案，为中小企业客户提供基于公有云的财税票综合服务平台，为小微企业客户基于移动端的移动开票综合服务平台。公开信息显示，目前百望股份的客户包括阿里、中石油等超过1000家大型集团企业、30万家中小企业客户，覆盖15个行业。2019年3月25日，阿里、腾讯向百望股份投资5.17亿元 | 为企业提供电子发票的开具、生成、流转、存储、归集、分发等云开票解决方案 |
| 4 | 互道信息技术（上海）有限公司（以下简称"互道"） | 互道于2014年成立，是一家企业数据服务提供商，致力于运用前沿技术，为企业打造一个跨业务系统的智能数据系统，并以此构建数据应用生态。2017年，互道成为腾讯智慧零售合作伙伴、苹果在中国第一批零售企业解决方案提供商，还荣获"最佳智慧零售数据解决方案奖"。互道B轮融资由腾讯领投、光速中国跟投，融资额高达数千万美元 | 智慧零售数据解决方案 |

| 序号 | 公司名称 | 简介 | 供应链解决方案 |
|---|---|---|---|
| 5 | 宁波图灵奇点智能科技有限公司（以下简称"图灵奇点"） | 图灵奇点是国内最早开展区块链技术研发与应用的科技公司之一，是国家互联网信息办公室首批区块链信息服务备案单位。图灵奇点拥有零知识证明等多项核心技术，已申请48项发明专利。图灵奇点坚持"区块链技术+供应链金融场景"的发展方向，赋能企业深化供应链金融能力，为企业提供全方位区块链技术开发服务，为企业和供应链带来融资便利，也为企业应用新技术提高协作效率和效益提供有力支持 | 基于区块链技术的供应链金融解决方案 |
| 6 | 广东精工智能系统有限公司（以下简称"广东精工"） | 广东精工成立于2017年，主要提供"工业互联网+智能工厂"系统化一站式解决方案，构建国内领先的"精益化+信息化+自动化+智能化"的工业互联网+智能工厂，专家服务团队近150人，服务海尔、康宝等制造业企业近百家，入选广东省工业互联网产业生态资源池，2018年6月被评为广东省工信厅"工业互联网平台示范单位" | "工业互联网+智能工厂"系统化一站式解决方案 |
| 7 | 北京知果果科技有限公司（以下简称"知果果"） | 知果果成立于2014年3月，是一家提供在线知识产权法律服务的电商平台。知果果致力于为广大中小企业及个人提供专业、透明、智能的知识产权服务，助力企业转型升级，让智慧发挥最大价值。在帮助企业拥有自主知识产权后，知果果还将搭建知识产权保护、管理及运用平台，打造知识产权全产业链服务，真正让知识产权产生价值，为"中国制造"向"中国智造"转型注入源源不断的创新动力 | 企业知识产权全生命周期解决方案 |
| 8 | 浙江量子教育科技股份有限公司（以下简称"量子教育"） | 量子教育融合全球商学教育、技术研究和商业实践，联合高校、研究院、金融、传媒等专业机构，促进知识创新、传播与共享，为企业精英提供创新商学教育，为企业创新发展提供知识能量，为知识精英提供市场转化服务 | 企业云大学解决方案 |
| 9 | 浙江杭云网络科技有限公司（以下简称"杭云网络"） | 杭云网络是一家专注提供企业信息化服务的高科技企业。公司核心团队成员来自恒生电子、税友软件、金蝶软件、阿里巴巴、航天信息、百望股份等知名企业。公司旗下产品咚咚发票，是专业的增值税发票管理及财税智能化平台，综合运用智能科学、大数据等先进IT技术，帮助企业顺利完成"营改增"和"金税三期"的过渡，税降利增，释放资本活力，保证财务安全 | 企业信息化解决方案 |

| 序号 | 公司名称 | 简介 | 供应链解决方案 |
|---|---|---|---|
| 10 | 徙木金融信息服务（上海）有限公司（以下简称"徙木金融"） | 徙木金融成立于2014年9月，是一家创新型金融科技公司。公司创始团队借助在世界顶级风险管理机构和国内著名电商平台积累的丰富实战经验，致力于打造创新型通用信用决策服务管理平台，通过技术的力量提升小微金融资源配置效率，助力实体经济。整合海量数据，对各种碎片化信息进行采集与深度挖掘，利用机器学习、神经网络等算法开发先进的风险计量与定价模型，实现对小微企业与消费者信用特征的全面刻画，建立量化信用体系 | 供应链金融解决方案 |
| 11 | 浙江清华长三角研究院产业互联网研究中心 | 浙江清华长三角研究院产业互联网研究中心成立于2017年9月，产业互联网研究中心致力于成为中国产业互联网研究、咨询、运营、孵化的集成化服务高端平台，打造产业互联网"理论研究+实践示范"的双高地；同时建设凝聚产业互联网研究者、实践家、投资家、政府决策者的开放式创新平台，全面服务于国家供给侧结构性改革、加快数字产业化、产业数字化发展，为推动经济社会数字化转型做好服务。提供从传统产业向互联网转型中的咨询规划、IT平台建设、全过程运营落地等，提供全过程在线交易与服务解决方案、智慧物流（仓储、监管、运输）、在线供应链金融、产业资源在线共享服务解决方案等，先后为中国稻种产业、肉鸭产业、苹果产业、家纺产业的转型发展提供解决方案及全过程运营服务，提供产业互联网与供应链金融共享实验室解决方案，以及产业人才孵化、产业大学建设与服务方案等 | 企业产业互联网化解决方案 |
| 12 | 上海企源科技股份有限公司（以下简称"AMT"） | AMT创立于1998年，致力于为企业提供"管理+IT"咨询服务。2010年获得风险投资，并于2015年8月新三板挂牌（证券代码：833132） | 企业产业互联网化解决方案 |
| 13 | 浙江捷贸通电子商务有限公司（以下简称"浙江捷贸"） | 浙江捷贸旗下的找煤网是一家以"信息化+数据"为核心的煤炭全产业供应链服务平台，目前已成长为集煤炭交易、物流、供应链金融、技术产品、采运销策略分析在内的五大服务体系，可以满足煤矿、煤炭贸易企业、物流企业、个体司机、站台、用煤终端企业等客户在不同业务场景下的多种需求。找煤网以先进的在线化产品助力煤炭产业的信息化转型升级，以独特的行业数据优势协助上下游用户科学、快速、准确地制定交易决策，以体系化的交易、物流、金融服务促进客户业务增长、提升流通效率、解决资金痛点 | 煤炭产业全供应链解决方案 |

| 序号 | 公司名称 | 简介 | 供应链解决方案 |
|---|---|---|---|
| 14 | 五百年区块链科技（宁波）有限公司（以下简称"五百年区块链"） | 五百年区块链成立于 2019 年 7 月 12 日，主要提供区块链科技、计算机信息科技专业领域内的技术咨询、技术服务；数据处理和存储服务；税务咨询；企业管理咨询；财务咨询；软件开发；会议服务；策划创意服务；公共关系服务；商务信息咨询等服务 | — |
| 15 | 浙江优创信息技术有限公司（以下简称"浙江优创"） | 浙江优创信息技术有限公司经过多年发展，目前全公司拥有员工近千人（含子公司），技术开发人员占比 80% 以上，成立了上海、杭州、宁波三个研发中心，设立了南京、南昌、合肥、山东、西安等地分公司及办事处。是国家高新技术企业，浙江省软件行业成长型企业，近年来先后获得企业工程中心、浙江省守合同重信用单位、信用示范企业、和谐企业、中小企业资信等级证书 AAA 级、服务业创新示范企业、现代服务业公共服务平台等荣誉。同时获得双软企业、信息系统集成三级、ISO9001 证书、环境管理体系证书、职业健康安全管理体系等证书 | 企业信息化解决方案 |